LOUIS JOURDAN

LES
MAUVAIS MÉNAGES

Femme, relevez-vous! allez et ne péchez plus!

JÉSUS-CHRIST.

DEUXIÈME ÉDITION
Revue et augmentée.

PARIS
LIBRAIRIE NOUVELLE
BOULEVARD DES ITALIENS, 15.

A. BOURDILLIAT ET Cie, ÉDITEURS

1859

LES

MAUVAIS MÉNAGES

Paris. — Imp. de la Librairie Nouvelle, A. Bourdilliat, 15, rue Breda.

CAUSERIE

EN MANIÈRE DE PRÉFACE

L'exactitude est, dit-on, la politesse des rois. La politesse des auteurs consiste, selon moi, à dire très-nettement, dès la première page, aux personnes qui leur font l'honneur d'ouvrir leur livre, ce qu'ils veulent et dans quel but ils ont pris la plume.

Mon but, le voici en deux mots :

Je veux mettre en évidence les inconvénients, les dangers même de la loi qui régit le mariage, et, par voie de conséquence, la nécessité de la modifier.

Je veux démontrer que la famille est le principe sacré, le principe fondamental des sociétés humaines; que l'adultère porte à ce principe sauveur la plus grave des atteintes; que la plupart des adultères, des procès en séparation, des scandales de toutes sortes qui dissolvent la famille, pourraient être prévenus par une législation qui serait plus en harmonie avec les éléments multiples de la nature humaine.

Dieu ne nous a pas tous jetés dans le même moule. De même qu'il n'y a pas deux arbres, deux feuilles, deux grains de sable qui se ressemblent absolument, de même la plus grande variété règne dans le type humain, au moral comme au physique.

Les hommes et les femmes se divisent en deux types distincts qui se subdivisent eux-mêmes en une infinité de branches, et souvent se confondent ou du moins apparaissent successivement chez le même individu. On pourrait caractériser ainsi ces deux divisions principales :

Les CONSTANTS et les MOBILES.

Les premiers, n'éprouvant que des affections sérieuses et profondes, dévoués, esclaves du devoir, attachés au foyer; les autres, doués de plus d'imagination, se lassant aisément, ayant besoin d'émotions, de voyages et de choses nouvelles.

Que ces derniers soient moins parfaits que leurs aînés, c'est possible! et je veux bien l'admettre sans plus d'examen; mais ils n'en existent pas moins, et je ne pense pas que l'anathème doive peser sur eux;

Constants ou mobiles, nous sommes fils du même Dieu, nous avons notre raison d'être, et la société, notre mère commune, doit nous faire notre place aux uns et aux autres.

Or, la loi du mariage, en serrant des liens indissolubles, nous impose à tous la même règle, elle nous courbe tous sous le même niveau. Je sais bien qu'elle a l'avantage de rendre la vertu facile pour les femmes et les hommes à affections constantes; mais elle a le tort de la rendre presque impossible à ceux que la mobilité de leur esprit, la légèreté de leur cœur, les exigences de leur tempérament entraînent vers les régions inexplorées, vers les tentatives hasardeuses.

Aussi, qu'arrive-t-il? Quelques-uns, quelques-unes surtout, — car les femmes sont plus que nous capables de cet effort héroïque, — parviennent à se dompter, à se transformer, à maîtriser leur imagination et leurs sens pour rester fidèles au serment qui les lie.

D'autres se laissent entraîner par leur imagination, parcourent en esprit les mondes tumultueux où leur instinct les appelle, mais défendent à leur corps, à leurs actes, de suivre la folle du logis dans ses pérégrinations aventureuses.

Le plus grand nombre protestent sourdement, hypocritement contre la loi qu'ils ont acceptée, pèchent *incognito*, et portent en cachette au contrat ces fameux coups de canif dont la malice humaine s'égaye tout bas.

D'autres enfin, moins prudents ou moins heureux, crient leur protestation à pleins poumons, jettent leur bonnet par-dessus les moulins et produisent ainsi ces scandales qui désolent et brisent tant de familles.

Je me demande s'il ne serait pas possible de faire la part du feu, de couper court à la plupart des désordres qui compromettent le repos et l'honneur de tant de personnes, qui troublent l'avenir de tant de pauvres enfants, en laissant une porte honorable ouverte aux unions mal assorties, en permettant, aux époux que séparent des incompatibilités profondes, de quitter l'enfer conjugal pour entrer dans un purgatoire quelconque.

S'il ne s'agissait que de l'homme et de la femme, on pourrait, à la rigueur, leur dire : Vous vous êtes librement choisis, vous vous repentez aujourd'hui de votre choix, tant pis pour vous! Vous vous êtes trompés, subissez les conséquences de votre erreur!

Mais il s'agit de bien autre chose, ma foi! Il s'agit des enfants qui naissent et grandissent au milieu de ces enfers dont je parlais tout à l'heure, innocents qui portent si cruellement la peine d'un mal qu'ils n'ont point causé! Il s'agit du principe même de la famille, sur lequel toute société s'appuie et qui est si profondément altéré par les infractions secrètes et par les scandales publics dont s'afflige vainement l'impuissance des moralistes.

Que faire? Faut-il rétablir le divorce? Je ne me dissimule pas tout ce que cette proposition aurait de mal sonnant aux oreilles d'un certain monde. Je vois d'ici, à ce seul mot, toute la phalange des êtres constants et même la cohorte des mobiles, assez adroits pour voiler leur mobilité, se dresser contre moi.

Je ne m'effraye pas pour si peu.

Le divorce n'est qu'un expédient, et encore n'est-il pas merveilleux. Toutefois, je préférerais encore la situation régulière et légale d'un mari et d'une femme divorcés aux situations scandaleuses et anormales qu'enregistre chaque jour la chronique des tribunaux.

Faut-il laisser la loi du divorce dormir dans les nécropoles législatives et vaut-il mieux modifier le chapitre du code civil qui régit les séparations de corps?

C'est possible. L'une ou l'autre solution serait provisoire. Il est vrai que nous sommes dans un pays où le provisoire a des chances de durée.

Pour moi, qui crois fermement à l'éternité de la vie, je considère les siècles comme des points imperceptibles dans le temps. Les perspectives séculaires n'ont rien qui m'épouvante.

Je suis, donc j'ai été, donc je serai! La mort n'est que l'étape d'une vie nouvelle, et j'agrandis, j'élève mon point de vue en conséquence de ma foi. Je crois, comme je crois en Dieu, qu'un jour viendra où la femme exercera dans la société une autre influence que celle qu'elle y exerce aujourd'hui, qu'elle sera, non semblable à l'homme, — la nature ne l'a pas voulu et ne le voudra jamais, en raison de la diversité de leurs fonctions, — mais son égale, et qu'elle exprimera tout haut, avec une certaine autorité, son sentiment sur la conduite des choses d'ici-bas.

Ce jour-là, l'homme et la femme, unis dans un même sentiment religieux, ayant dépouillé toute vieille idée d'antagonisme, n'ayant ni supériorité à défendre ni infériorité à protéger, diront comment doit être conçue la loi du mariage.

Jusque-là, il faut se contenter d'expédients et adopter les moins mauvais. Je n'ai, pour mon compte, d'autre prétention que celle de démontrer, après tant d'autres, l'insuffisance de la loi actuelle et l'urgence d'une solution provisoire.

Le théâtre et le roman ont fait de tout temps, et font chaque jour, à leur manière, la critique de la société, en général, et de la loi du mariage en particulier. Pour cela, ils mettent en scène des personnages imaginaires et créent des situations plus ou moins dramatiques. La foule applaudit, mais après avoir entendu le drame ou lu le roman, elle ne fait aucune application de l'œuvre du poëte aux situations vulgaires de la vie; elle se persuade volontiers que l'écrivain s'est abandonné à sa fantaisie, qu'il a exagéré à plaisir des vices ou des vertus, mais que le monde réel n'a rien de commun avec ces exagérations.

Les philosophes, les moralistes, les prédicateurs, — je parle des prédicateurs par la voie du livre, — ont un don tout particulier : c'est d'envelopper le sujet qu'ils traitent d'une forme si aride, si pédante, si fatigante, qu'ils rendent leur pensée inaccessible à l'esprit du plus grand nombre, des femmes surtout. Or, parler pour ne pas arriver à l'esprit et au cœur des femmes, c'est parler pour ne rien dire. Vous aurez beau ressasser une question sociale en vingt, en cent volumes, tant que les femmes ne l'auront pas comprise, elle ne sera pas résolue.

Incapable, comme je le suis, de faire une belle

œuvre dramatique ou un roman émouvant; convaincu d'ailleurs que cette forme n'atteint pas assez directement le but; plus incapable encore, Dieu merci! d'écrire un traité *ex professo* avec toute la gravité que comporte une œuvre si profondément ennuyeuse, j'ai dû mesurer mes forces et ne faire que ce qu'il était dans mes moyens de faire.

J'ai donc emprunté aux annales de la justice leurs plus frappantes, leurs plus douloureuses réalités. Je me suis toutefois arrêté à la limite du crime; il ne m'a pas semblé utile de rappeler les sombres et terribles drames enfantés par les antipathies conjugales. Le souvenir du procès Lafarge, du procès Praslin n'est-il pas dans toutes les mémoires?

Chacun des faits qui viennent à l'appui de ma thèse soulève d'innombrables questions, toujours fort délicates. Je ne les ai pas écartées, je n'ai pas eu non plus la témérité de les résoudre. J'ai causé avec mes lectrices plus encore, je l'avoue, qu'avec mes lecteurs, comme si j'eusse été assis auprès d'elles dans un salon, au coin du feu.

Ce livre est donc une causerie sur des sujets très-épineux parfois, sérieux toujours, et, chose rare! cette causerie est exempte de médisance.

A TOI

MA MÈRE!

A toi qui fus ici-bas un modèle de vertu et de fidélité conjugales ;

A toi, noble et pieuse femme, qui remplis si humblement tes devoirs ;

A toi, servante du Seigneur, qui mourus sur le champ de bataille de la charité, au chevet des cholériques ;

A toi qui vis aujourd'hui dans le sein de Dieu et que je fais juge de mes actes, de mes moindres pensées ; toi, à qui ma vie est liée pour l'éternité ;

A toi, ma Mère, je dédie ce livre.

Permets-moi de prendre ton nom vénéré à témoin de la bonté de mon intention !

Permets-moi d'écrire en tête de ce livre ce mot de MÈRE, le plus sacré, le plus harmonieux de tous ceux que prononcent les langues humaines, comme les marins de notre Provence inscrivent sur leurs bateaux le nom de la MADONE pour les préserver du naufrage.

A toi, Mère, à présent et toujours !

LES

MAUVAIS MÉNAGES

> Femme, relevez-vous! allez et ne péchez plus.
>
> JÉSUS-CHRIST.

I

Importance du principe de la famille. L'individu social, c'est l'homme et la femme.

La famille est l'élément primitif, la base de toute société, l'alvéole de toute ruche humaine, qu'elle s'appelle tribu ou cité, province ou royaume.

La famille est l'unité sociale, unité sainte et sacrée! L'homme seul, la femme isolée sont des zéros qui peuvent contribuer à accroître ou à diminuer la valeur de l'unité, suivant la position qu'ils occupent, la direction qu'ils prennent; mais il faut que l'homme et la femme s'unissent de cœur, d'esprit et de corps; il faut que de cette union bénie il naisse un être à leur image, pour que l'unité sociale, pour que l'individu social existe.

De même, lorsque, suivant la tradition genésiaque, Dieu androgyne, Dieu PÈRE et MÈRE créa le monde, le monde n'exista réellement que le sixième jour, après que le couple humain, fait à l'image de Dieu, fut placé dans le paradis terrestre.

Si la famille est l'élément primitif de toute société — et cela me paraît être un axiome tout aussi incontestable que celui-ci : le tout est plus grand que la partie, ou la partie est moins grande que le tout — si cet axiome est vrai, il est bien évident que l'acte, de quelque nature qu'il soit, civil ou religieux, qui a pour objet d'unir l'homme et la femme, c'est-à-dire de constituer la famille, est l'acte social par excellence, le premier, le plus essentiel de tous les actes.

Les sociétés ne s'y sont point trompées. Depuis leur origine, dans tous les temps, sous tous les climats, sous tous les régimes politiques ou religieux, elles ont entouré le mariage d'une certaine solennité publique; elles ont consacré par une intervention du pouvoir, quel qu'il fût, l'union qui constituait la famille, c'est-à-dire la société tout entière. Mais, depuis l'origine aussi, les hommes et les femmes ont protesté contre l'indissolubilité absolue ou relative du lien qui les unissait, et cette protestation, qui est le fait capital de l'humanité, qui a sans cesse occupé les moralistes, les poëtes, les philosophes, qui est le fond invariable de toutes les productions de l'esprit, qui tient une si large place dans l'histoire des peuples, cette protestation, ce fait a reçu le nom d'ADULTÈRE.

C'est la valeur, la signification et la portée de cette protestation, c'est son caractère dissolvant que nous voulons examiner.

Si, dans le cours de ce travail, il était prouvé que la nature humaine est multiple, qu'elle est constante et mobile à la fois, qu'elle est assez fidèlement représentée par ces deux types que la poésie et l'art ont immortalisés : OTELLO et DON JUAN, on en pourrait déduire cette conséquence : que la loi qui régit l'union de l'homme et de la femme doit tendre à diminuer le scandale des protestations; qu'elle doit se plier, au moins dans une certaine limite, aux invincibles exigences des natures mobiles et inconstantes ; que la constitution de l'élément social, de la famille, est chose assez grave, assez importante pour qu'on la préservé de tout ce qui peut en altérer la pureté.

II

La loi du mariage doit procéder de l'individu social.

J'ai dit que l'individu social était l'homme et la femme; que l'homme seul, la femme isolée étaient des zéros, et que leur *union* permanente ou temporaire, en vue de la procréation et de l'éducation des enfants, constituait l'*unité*, l'alvéole primitive de la ruche humaine. Eve allaitant ses deux enfants, Adam travaillant et fécondant la terre, voilà le type de la famille.

La loi, en vertu de laquelle l'homme et la femme s'unissent, a été faite, comme toutes les lois, par l'homme seul, qui a usé, dans le passé, du droit du plus fort, le plus détestable, le plus barbare de tous les droits! Or, l'homme seul ne constitue pas l'unité, il n'en a pas la valeur.

Cette loi ne doit pas moins être respectée et obéie; mais il est toujours permis de poursuivre, de rechercher, par une loyale discussion, l'amélioration de ce qui est. Il nous paraît que la loi serait plus équitable si elle procédait de l'individu social, homme et femme; — du couple qui donne la vie. Une pareille proposition peut paraître étrange à quelques personnes. Ce qui est étrange aujourd'hui sera une vérité commune plus tard; le temps ici ne fait rien à l'affaire.

III

Comment l'adultère était et est aujourd'hui puni en France.

Il suffit, d'ailleurs, de jeter un coup d'œil sur les diverses législations qui instituent le mariage et punissent l'adultère, pour se convaincre qu'elles ne résultent pas du concours harmonique et religieux des deux sexes.

Commençons par nous-mêmes : *Nosce te ipsum.* Il a fallu arriver à notre grande révolution de 1789 pour établir quelque ordre et quelque unité dans cette partie si délicate et si importante de nos lois. Jusque-là c'était l'arbitraire, c'était le caprice.

La femme est traitée en mineure ; elle doit obéissance à son mari, le mari lui doit sa protection. L'adultère du mari n'a quelque gravité que lorsqu'il a lieu dans la maison conjugale, et, dans ce cas, il est puni simplement de l'amende ; celui de la femme et de son complice est puni de l'amende et de la prison.

Nos ancêtres, les premiers Francs, n'avaient pas de châtiment contre l'adultère ; ils le considéraient comme une offense privée, dans la répression de laquelle la loi n'avait pas à intervenir. Cependant, vers la fin du sixième siècle (en 580), le concile de Braine fut assemblé par ordre de Chilpéric pour juger Grégoire de Tours, accusé d'avoir calomnié la reine Frédégonde en prétendant qu'elle s'était rendue coupable d'adultère avec Bertrand, évêque de Bordeaux. L'accusation de Grégoire de Tours n'était que trop fondée. L'adultère était une peccadille pour Frédégonde, qui avait fait périr plus de gens encore qu'elle n'avait fait d'infidélités à Chilpéric, son mari ; aussi le concile déclara-t-il que Grégoire de Tours était innocent. Chilpéric ne tarda pas à acquérir lui-même la preuve de la légèreté de sa femme ; il la surprit avec un de ses serviteurs, nommé Landri. Alors, pour échapper à tous reproches inutiles, Frédégonde eut recours à un moyen décisif : elle fit assassiner Chilpéric.

Les Capitulaires de Charlemagne et les Établissements de saint Louis édictèrent des peines anodines contre l'adultère.

Au quatorzième siècle, Philippe de Valois, Philippe le Bel, Jean le Bon, etc., essayèrent de réglementer cette matière. Ils auraient mieux fait de s'abstenir. Les coupables étaient condamnés à courir nus par les villes où ils avaient commis le scandale.

Dans un canton du Lyonnais, la femme adultère était dépouillée de tous vêtements, et dans cet état complet de nudité, elle devait courir après une poule jusqu'à ce qu'elle pût s'emparer d'elle, ce qui n'était pas aisé. A ce spectacle, la foule s'égayait, et l'homme complice de l'adultère, pareillement nu, devait ramasser du foin pour en faire une botte. N'était-ce pas là une expiation bien salutaire et bien morale?

Louis XI, en 1463, abolit cette indécente coutume: « Touchant la punition des adultères, nous voulons que la peine de courir la ville soit ostée, laquelle nous abolissons par ces présentes. »

Vers le seizième siècle, la femme adultère fut punie du fouet, de la réclusion dans un monastère pendant deux ans, et si, à l'expiration de ce temps, le mari ne se décidait pas à reprendre l'infidèle, elle devait revêtir l'habit religieux et passer sa vie au couvent. Les principales dispositions de cette loi étaient empruntées à la loi romaine, dont nous dirons un mot tout à l'heure.

On comprend que l'application de ces diverses dispositions législatives devait être fort arbitraire, tant que le principe de l'égalité devant la loi n'était pas proclamé, et il ne l'est que depuis soixante-dix ans environ. La qualité des personnes y faisait beaucoup. La jurisprudence variait au gré des juges et suivant l'influence, le rang, la fortune des parties. C'est ainsi que le parlement de Rennes, qui, en 1568, voulait que tout adultère fût puni de mort, ayant à juger, un siècle plus tard, un ecclésiastique convaincu de ce délit et condamné déjà aux galères pour un fait de ce genre, très-scandaleux, déclara que l'adultère n'était pas au nombre des crimes qui font vaquer un bénéfice de plein droit.

Nous citions tout à l'heure une ordonnance de Philippe le Bel qui condamnait les adultères à courir nus par les villes. Mais lorsqu'il eut à juger dans sa propre cause, ce monarque trouva la peine trop légère. Il avait trois brus : Marguerite de Bourgogne, femme de Louis le Hutin ; Blanche, mariée à Charles le Bel, et Jeanne, femme de Philippe le Long. Ces trois princesses furent accusées d'avoir commis l'adultère avec deux beaux jeunes gens, Philippe et Gautier de Launois, officiers de la maison des princes. Il ne s'agit plus alors de la pénalité ordinaire. Marguerite fut étranglée dans sa prison. Blanche parvint à faire déclarer que son mariage était nul, pour cause de parenté avec son mari. Philippe le Long pardonna à Jeanne et la reprit ; mais les deux hommes furent condamnés par le parlement de Paris à être mutilés d'abord, puis écorchés vifs, puis pendus sous les aisselles. Figaro avait bien raison lorsqu'il disait : « Mettez le plus impartial des juges à juger dans sa propre cause, et vous verrez comment il interprétera la loi »

J'ai lu à ce sujet, dans le *Dictionnaire de la pé-*

nalité (tome Ier, page 134), une phrase qui peut se passer de commentaires : « Bien que l'adultère soit un crime d'après les maximes de l'Église, on la vit cependant se relâcher quelquefois de sa sévérité d'une manière étrange. Ce fut particulièrement dans le quatorzième siècle, où le clergé était parvenu à un degré effrayant de corruption ; l'avarice surtout était son défaut dominant. On vit, dans certains diocèses, les grands vicaires vendre la permission de commettre l'adultère pendant l'espace d'une année ; la cour de Rome, par ses exemples, autorisait ces désordres. »

IV

Comment l'adultère était puni à Rome.

Dans l'antiquité, la loi n'intervient, en cas d'adultère, que pour prêter main forte au mari ; mais c'est lui qui est seul juge de l'opportunité de la poursuite ou des convenances du pardon.

Une loi, que Denys d'Halicarnasse attribue à Romulus, et qui fut insérée dans le code Papyrien, autorisait le mari d'une femme coupable d'adultère ou de quelque autre crime tendant au libertinage, à la juger et à la punir lui-même, après en avoir délibéré avec les parents. Mais, sauf le cas de flagrant délit qui donnait au mari, sinon le droit, du moins la faculté de vie et de mort, il ne pouvait que la répudier. En revanche, la femme, même en surprenant son mari en délit flagrant, n'avait pas seulement le droit « *de mettre la main sur lui.* »

La loi romaine, à l'origine, était fort indulgente en ces matières. Le grand, le sévère, le sage Caton prêta sa femme à son ami Hortensius; Plutarque et Montesquieu, qui rapportent ce trait de mœurs assez sauvages, sur lequel nous reviendrons tout à l'heure, font remarquer que Caton n'était pas homme à violer les lois de son pays.

Jules César vint, et il fut moins tendre. Il promulgua la loi qui porte son nom, la loi Julia. Elle prononçait la peine de mort contre la femme adultère et permettait à tout citoyen de l'accuser publiquement. C'était compromettre le principe de la famille et priver le mari de son droit essentiel. Cette loi, d'ailleurs, permettait au mari d'être juge et exécuteur dans sa propre cause.

Mais si le mari faisait un commerce infâme de l'inconduite de sa femme, ou si, témoin de son désordre, il le dissimulait et le souffrait, alors l'adultère devenait un crime public, et la loi Julia frappait le mari aussi bien que la femme.

On lit dans Suétone qu'Octave-Auguste se contenta de bannir Ovide, coupable d'adultère avec Julie, fille de cet empereur, et condamna à mort Jules-Antoine, complice de Julie. Les successeurs d'Octave-Auguste, au dire de Cujas, firent également mourir plus d'un homme convaincu d'adultère.

Une loi de Constantin, conservée par Justinien, étendit et compléta la loi Julia; elle prononça la peine de mort contre les adultères des deux sexes. C'était une façon originale de reconnaître l'égalité de l'homme et de la femme.

Justinien, cependant, sur les remontrances de sa femme, Théodora, modéra les rigueurs de la loi de Constantin. Un nouveau code, moins sanguinaire, porta que la femme adultère serait fouettée et enfermée pendant deux ans; que si, à l'expiration de cette peine, elle ne rentrait pas en grâce auprès de son mari, elle aurait la tête rasée et serait enfermée à perpétuité.

C'est cette loi de Justinien qui servit de base à notre législation du quinzième siècle.

V

Dangers sociaux de l'adultère.

S'il est vrai, comme l'affirmaient les Grecs, que le commencement de la sagesse consiste à se connaître soi-même, il faut que je commence à être sage. La connaissance de moi-même m'apprend que je ne suis ni philosophe ni légiste. Ce livre ne sera donc ni un livre de philosophie, ni un traité comparé des diverses législations qui régissent, dans tous les pays, l'institution de la famille et punissent l'adultère.

Je veux simplement mettre en évidence un ensemble de faits empruntés aux annales judiciaires, et par conséquent incontestables; je veux toucher et faire toucher au doigt les plaies saignantes de la famille, et démontrer ainsi, sans grandes phrases, la nécessité de modifier, dans un temps donné, la loi qui la constitue. L'union de l'homme et de la femme ne sera vraiment une association que lorsque chacun d'eux aura pu discuter les bases du contrat qui les lie, et que chacun d'eux sera en présence de droits et de devoirs, non identiques, mais analogues et conformes à la diversité de leur nature et de leur mission.

L'adultère, qui trouble tant de familles et compromet l'existence, l'avenir, la moralité d'un si grand nombre d'enfants, l'adultère n'est pas un fait spontané, il est une des plus douloureuses conséquences de plusieurs faits sociaux, et surtout de l'indissolubilité du lien conjugal. L'adultère, ainsi que nous l'avons dit, est une protestation désordonnée, soit contre la supériorité que l'homme s'est arrogée, soit contre l'inflexible asservissement de certaines natures mobiles à une loi qui convient seulement aux natures constantes.

Puisque ce désordre n'est qu'un effet, il est nécessaire de rechercher sa cause, non dans des théories auxquelles on peut toujours opposer des théories contraires, mais dans les faits qui ne souffrent pas de contradictions, dans les secrètes douleurs de la famille, dans les déchirements scandaleux du lien qui avait d'abord uni le père et la mère, dans l'ébranlement du toit qui abritait le berceau des enfants et la couche des aïeux.

VI

Coup d'œil sur les diverses législations qui punissent l'adultère.

Mais, avant de pénétrer dans ces enfers conjugaux, il faut bien compléter le rapide examen que nous avons entrepris des diverses pénalités dirigées contre l'adultère.

Nous avons vu les efforts tentés par la loi romaine et par la loi française, l'arbitraire qui présidait à la poursuite des coupables et à l'application des peines. De quelque côté que nous portions nos regards, nous trouverons les mêmes violences, les mêmes excès.

Solon avait pensé que la honte publique était le plus juste et le plus terrible châtiment qui pût être infligé à l'adultère. Les anciens législateurs français avaient cruellement interprété le vœu de Solon en voulant que la femme coupable d'adultère courût, dans un état complet de nudité, à travers la ville qu'elle avait scandalisée.

Chez les Hébreux, on lapidait la femme adultère, et Jésus-Christ, le maître bien-aimé, le doux et bon pasteur, condamnait la sévérité de cette législation, lorsqu'il pardonnait à la femme adultère, la relevait avec bonté et traçait sur le sable cette leçon de tolérance qui a traversé les siècles : « Que celui d'entre vous qui est sans péché lui jette le premier la pierre ! »

Dans le jaloux Orient, où le christianisme n'a point modifié l'idée exagérée que l'homme est porté à se faire de sa supériorité, où la condition de la femme n'a point été relevée, où l'épouse est bien moins la compagne de son mari que l'instrument de ses plaisirs, la cruauté des peines s'est à peu près maintenue.

Chez les Mogols, la femme adultère est fendue en deux ; le mari, bien entendu, a le droit de se faire justice à lui-même.

Dans la Corée, le mari peut aussi tuer sa femme lorsqu'il la surprend en flagrant délit; mais un homme libre, surpris avec une femme mariée, est exposé nu dans tous les carrefours, le visage barbouillé de chaux, chaque oreille percée par une flèche et une sonnette sur le dos.

Dans le Tonquin et en Chine, la femme adultère est condamnée à un supplice infâme que je ne puis même indiquer, puis livrée à un éléphant qui l'élève en l'air avec sa trompe, la laisse retomber et la foule ensuite sous ses pieds gigantesques.

D'après Simon de la Loubère, qui, en 1687, se rendit à Siam en qualité d'envoyé extraordinaire, le supplice auquel je viens de faire allusion était, de son temps, en usage chez les Indiens, sur la côte de Coromandel et à Siam.

Dans l'île de Ceylan, les maris donnent à leurs femmes une sorte de permis d'adultère avec telles ou telles personnes désignées; mais si la femme est surprise en relation avec d'autres hommes que ceux autorisés par le bill du mari, elle est punie de mort.

Aux Philippines, au contraire, l'adultère est considéré comme une faute excusable et puni seulement d'une amende.

A la Côte-d'Or, au Congo, à Madagascar, on ne trouve également d'autres pénalités que des amendes assez considérables.

Dans les îles Mariannes, c'est la femme qui porte la peine de l'adultère du mari; elle se donne la mort à elle-même, assistée de toutes ses compagnes. Lorsque c'est le mari qui surprend la femme, il ne peut la maltraiter, mais il a le droit de tuer l'amant.

Je suis tenté de croire qu'aux îles Sandwich la femme tient le haut du pavé. L'homme coupable d'adultère est condamné à avoir les yeux arrachés.

En Mingrélie, les mœurs sont plus faciles : quand un homme surprend sa femme, il a le droit de contraindre l'amant à lui donner un cochon qu'ils mangent à eux trois,

« Et de tous le vrai porc n'est pas celui qu'on pense. »

Les Turcs, on le sait, n'y vont pas de main morte. Ils ont tour à tour lapidé, coupé en deux, jeté à l'eau après les avoir cousues dans des sacs, les femmes adultères.

Chez les Égyptiens, l'homme convaincu d'adultère

recevait mille coups de fouet; la femme avait le nez coupé.

Un roi de Syrie, Séleucus Nicator, fit une loi en vertu de laquelle on devait crever les deux yeux à l'homme coupable d'adultère. Un jour, son fils fut accusé et convaincu de ce crime. Grand fut l'embarras du père. Il voulait que la loi fût exécutée, et cependant il ne voulait pas frapper son fils de cécité. Il eut recours à un expédient sublime : il se fit crever un œil à lui et en fit crever un à son fils.

Le pape Sixte V avait ordonné la peine de mort contre les adultères. Un gentilhomme napolitain, nommé Carlo Tosca, menait à Rome une vie assez agitée, et entretenait publiquement des relations avec une jeune belle femme, mariée à un habitant de Rome. Le gentilhomme prétendait que la loi n'était pas faite pour lui, puisqu'il était étranger. Le gouverneur de Rome ne savait quel parti prendre : il en référa au pape. Irrité de cette incertitude, Sixte V lui répondit : « Hissez trois potences, faites pendre l'amant, la femme et le mari, et, pour guérir vos scrupules sur leur prétendue indépendance de ma juridiction, prenez des cordes faites à Naples. »

Grâce à son nom, aux influences qu'il mit en jeu, le

gentilhomme échappa à la corde : il fut envoyé aux galères; mais le mari et la femme ne furent pas si heureux, on les pendit. Deux valets et une servante qui avaient secondé et servi l'intrigue de la belle infidèle furent fouettés et mis à mort pour n'avoir pas dénoncé le crime à la justice. Et l'on ne voila pas votre face, ô Christ miséricordieux !

Dans le Bas-Empire, on livrait la femme adultère à tous les passants, et afin de rendre le châtiment plus éclatant et plus complet, on sonnait une cloche pour convier un plus grand nombre d'exécuteurs.

Mieux valaient encore les lois de Lycurgue, qui punissaient l'homme adultère comme un parricide, et cependant ce crime était peu connu à Sparte, s'il faut en croire un mot de Géradas qui est parvenu jusqu'à nous. Un étranger lui demandait un jour comment on punissait l'adultère, Géradas répondit que ce crime était inconnu. — Mais enfin, répliqua l'étranger, s'il se produisait, que feriez-vous? — Dans ce cas, répondit-il, il faudrait que le coupable fournît un taureau d'une si grande taille qu'il pût boire du sommet du mont Taygète dans l'Eurotas. — Quelle folie ! c'est impossible, dit l'étranger. — Il est impossible aussi, répliqua gravement Géradas, d'avoir une galanterie avec une femme de Lacédémone!

Voilà au moins un homme qui avait bonne opinion de ses contemporaines! Malheureusement pour lui, il est prouvé que les Lacédémoniennes avaient, comme toutes les femmes et comme tous les hommes, leurs heures de faiblesse. Non qu'il faille prendre à la lettre le passage de Plutarque où il dit que les Lacédémoniens, loin de punir l'adultère, l'encourageaient et le toléraient. Les Spartiates poussaient très-loin le stoïcisme et l'abnégation. Lorsqu'ils craignaient de ne pouvoir donner à la patrie des enfants dignes d'elle, ils cherchaient parmi leurs concitoyens un beau jeune homme, aux formes athlétiques, le présentaient à leur femme; si celle-ci l'agréait, l'adultère se consommait, et, loin d'être un George Dandin, le mari devenait un héros.

VII

La plupart des adultères sont provoqués par les maris. Comment les mœurs réagissent contre la loi.

J'ai longuement étudié la matière dont je traite en ce moment, et je suis convaincu, et je prouverai que la plupart des mésintelligences conjugales sont provoquées par les maris, par leur défaut de tact, par leur négligence ou leur brutalité. Je ne dis pas cela pour justifier les fautes de la femme, mais pour établir un fait. Nous exigeons des femmes beaucoup plus que nous ne savons ou ne pouvons leur donner. Aussi, comme les mœurs, plus équitables que les lois, se sont retournées contre nous! Et cela se conçoit : les lois sont faites par les hommes; les mœurs et l'opinion sont le produit du contact des sexes, de la vie sociale.

Le ridicule atteint sans pitié le mari trompé! On plaint, on admire presque la femme trompée par le mari. L'infidélité de la femme, tant qu'elle est gazée, enveloppée dans un demi-mystère, tant qu'elle ne prend pas des proportions scandaleuses, est traitée avec indulgence par les hommes eux-mêmes; on excuse, on explique, on poétise ses entraînements. L'infidélité du mari, au contraire, est presque toujours sévèrement jugée, en ce sens qu'elle est imputée au libertinage des sens, à la débauche bien plus qu'à une ardente ou généreuse passion.

Le théâtre et le roman placent sans cesse sous un jour odieux ou plaisant l'homme qui trompe et celui qui est trompé. Ils environnent l'adultère de la femme de tous les charmes, de toutes les séductions de sa beauté; ils lui fournissent l'appoint des circonstances atténuantes. Vous chercheriez en vain, dans la littérature ancienne et moderne, un type de femme qui pût faire pendant au type de George Dandin.

Cette réaction de l'opinion et des mœurs contre les lois est sans doute excessive, comme le sont toutes les réactions, mais elle est un symptôme significatif qui ne doit échapper ni à l'œil du philosophe ni à celui du législateur; c'est le fléau de la balance qui rétablit l'égalité offensée. Nous portons en nous un tel instinct de justice que nous protestons indirectement, et sans nous en douter, contre les injustices que nous commettons directement.

VIII

Les diverses catégories des mauvais ménages.

Mauvais ménages! c'est bientôt dit! Mais qu'entend-on par mauvais ménages?

Il y en a de plusieurs sortes.

On se tromperait si l'on donnait seulement ce nom à ces déplorables intérieurs où les époux se querellent et se battent, où l'un d'eux est opprimé par l'autre; où la femme est traitée en mercenaire et en esclave, le mari en niais; où l'adultère s'assied triomphant.

Tout ménage où les époux, à défaut de l'amour, n'ont pas l'un pour l'autre un certain respect et une mutuelle estime, où les enfants n'ont pas sans cesse sous les yeux le moralisant spectacle de l'union et de la dignité des parents, des égards que le père et la mère se doivent et s'accordent mutuellement, tout ménage, dis-je, où ces conditions ne sont pas remplies, est un mauvais ménage.

De même qu'il y a des pauvres qui voilent scrupuleusement leur misère, qui la laissent à peine soupçonner par ceux de qui ils peuvent attendre un secours, de même il y a une foule de mauvais ménages honteux qui dissimulent soigneusement aux regards du monde et des parents eux-mêmes leurs misères morales, leurs déplorables dissentiments, leurs plaies intérieures.

Ce n'en sont pas moins de mauvais ménages, des enfers ignorés, des bagnes secrets où d'infortunés captifs, attachés au même boulet, traînent la même chaîne et maudissent le lien qui les a unis. C'est en vain que la femme sourit en entrant dans un salon, que le mari fait bonne contenance; leurs cœurs saignent sous ces trompeuses parures. Tous deux paraissent s'adorer en public; la trêve est rompue dès qu'ils se retrouvent dans leur solitude.

Immédiatement à côté de ces mauvais ménages honteux, il faut placer ceux qui embrassent le cercle entier de la famille, et qui ont pour inévitables confidents le père, la mère, les frères, les sœurs. Que de larmes, que de désespoirs, quelles colères, que d'amers regrets! que de récriminations échangées! Que s'est-il passé pourtant? Cette jeune femme a-t-elle oublié ses devoirs? Non! Le mari a-t-il été entraîné loin du foyer par quelques secrets désordres, par quelque passion mystérieuse? Non, encore! Il y a incompatibilité d'humeur entre eux: ils se sont mutuellement froissés dans l'intimité de leurs relations, et qui pénétrera jamais les causes inaperçues de ces divisions funestes, dont les conséquences sont quelquefois si terribles?

Ces êtres qui se sont librement unis en un jour de bonheur; qui, à défaut d'amour, avaient au moins de l'attrait l'un pour l'autre, ont passé tout à coup de la plus excessive réserve à la plus complète intimité. Le matin, ils osaient à peine échanger un sourire ou se presser la main; le soir, toute illusion, tout mensonge cessait, ils partageaient la même couche. Pour combien de femmes et de maris l'avenir tout entier a dépendu de ce premier échange, de cette première fusion de leurs deux existences! Que de griefs indicibles sont nés à cette heure mystérieuse et se sont développés plus tard sous l'influence des circonstances les plus vulgaires.

On parle beaucoup de la vanité des femmes, mais l'amour-propre des hommes est quelque chose de monumental. J'ai vu de près beaucoup de ménages profondément troublés; je n'ai jamais rencontré un seul mari qui se rendît compte des causes réelles qui lui avaient aliéné l'affection ou le respect de sa femme. Il faut plus de délicatesse et plus de tact que la plupart des hommes n'en possèdent pour ne pas froisser ces nerveuses sensitives dont ils se chargent imprudemment de faire le bonheur.

Je ne parle pas des mauvais ménages qui laissent éclater à tous les yeux leurs mésintelligences, leurs antipathies; ceux-là, tout le monde les connaît.

De même qu'il est beaucoup de ménages discordants, divisés, sans que l'adultère ait agi sur eux comme dissolvant, de même il en est aussi où l'adultère, habilement dissimulé, resserre momentanément les liens des époux, où l'infidèle s'efforce de racheter ses torts secrets par des soins, des attentions, des égards, des concessions, qui ramènent le calme et la paix au foyer domestique. Il en est d'autres, fort unis, d'ailleurs, où le mutuel et tacite consentement autorise les transgressions réciproques, à la seule condition que le domicile commun sera respecté, et que les choses se passeront au dehors avec discrétion et sans scandale.

Faut-il donner à ces intérieurs si paisibles à la surface, si convenables dans la forme, la dénomination de mauvais ménages? Oui, sans doute, la morale est une et ne comporte pas de transaction, il n'est pas avec elle d'accommodements; mais rangeons-les dans une catégorie spéciale.

C'est déjà quelque chose que d'éviter le scandale public, de ne pas ameuter la foule autour de sa maison, et de ne pas lui donner le spectacle des discordes, des haines intestines, des plaies de l'âme, des douleurs de la famille. Relativement aux autres, ils sont presque des sages devant le monde, ceux qui, placés en présence d'une loi inflexible, d'un engagement irrévocable, s'accommodent tant bien que mal de leur captivité et savent jeter un voile épais sur leurs infractions. La société actuelle, que dis-je, les sociétés de tous les temps, ont eu pour ce genre de méfaits l'espèce d'indulgence qu'on avait à Sparte pour les voleurs. Malheur à celui qui se laissait surprendre!

Mais cette tolérance mondaine ne détruit pas la gravité de ces situations anormales. Le mensonge n'en est pas moins le mensonge ; la ruse n'en est pas moins la ruse, et il est toujours très-regrettable qu'une loi ait un caractère tellement absolu que l'on en vienne à lui échapper par de pareils moyens.

Je sais bien que le cœur humain est le plus insondable des abîmes ; je sais bien qu'il est des hommes et des femmes qui, pour rien au monde, ne consentiraient à vivre séparément, et qui cependant se trompent à qui mieux mieux. La *Fanny* de M. Ernest Feydeau est un type plus commun qu'on ne croit, et le succès de cette remarquable étude tient surtout à ce que chacun y retrouve quelques traits de physionomies connues ou aimées. Mais cette Fanny, cette femme, qui à la fois adore son amant et ne peut se passer de son mari, a son pendant masculin. Vous connaissez, je connais, nous connaissons tous des maris infidèles qui ne sacrifieraient certainement pas leur femme à leur maîtresse, et des épouses, des mères de famille, fort honorables d'ailleurs, qui feraient sans hésiter, dans une circonstance décisive, litière de leur amant sous les pieds du mari; qui immoleraient leur amour, si grand qu'il fût, aux convenances du monde ou au légitime besoin de la considération publique.

Cette rapide analyse ne suffit-elle pas à démontrer qu'il n'existe pas de mauvais ménages placés dans des conditions identiques? L'infinité des causes produit l'infinité des effets, et j'en conclus que chaque mauvais ménage forme à lui seul une catégorie.

IX

La coquetterie considérée dans ses rapports avec la paix du ménage. Un bon conseil.

J'ai souvent entendu médire de la coquetterie des femmes. Je n'aime pas la médisance en général, et je ne l'accepte que sous bénéfice d'inventaire.

Distinguons d'abord. Qu'est-ce que la coquetterie?

La seule étymologie du mot l'indique ; c'est le désir de plaire, que le coq de nos basses-cours personnifie au plus haut degré.

Désirer plaire, est-ce donc un bien grand crime? Les hommes n'éprouvent-ils pas ce désir aussi bien que les femmes? Chaque sexe s'efforce de mettre en relief les avantages qui lui sont propres, et ce mutuel effort est la condition essentielle de toute société civilisée. C'est Dieu lui-même qui a voulu, en donnant à la femme la beauté, le charme, la grâce, en plaçant dans son cœur un foyer de tendresse et de dévouement, qu'elle fût le stimulant de toute civilisation, le principe de tout progrès social.

Il faut bien se décider pourtant à vouloir ce que Dieu a voulu.

Ainsi comprise, la coquetterie n'a donc rien de répréhensible. Mais, comme toute médaille a son revers, la coquetterie a son excès, et nous avons malheureusement donné le même nom au revers et à l'endroit, à ce qui est bien et à ce qui est mal.

Les sept péchés capitaux sont l'envers de sept vertus, mais nous avons des mots différents pour désigner les uns et les autres. Nous n'en avons qu'un pour désigner la coquetterie honnête et permise, celle qui cherche à plaire pour plaire, et ce désir barbare qu'éprouvent certaines femmes d'inspirer de l'amour sans en ressentir elles-mêmes.

On confond trop souvent ces deux sentiments, bien qu'ils n'aient entre eux aucune ressemblance. Autant j'aime la femme qui cherche à plaire par les grâces de son esprit ou par le charme de sa personne, par l'élégante simplicité et le bon goût de sa toilette, autant je déteste ces jolis petits vampires qui, ne voulant ou ne pouvant pas ressentir de l'amour, s'efforcent d'en inspirer.

Un charmant écrivain, — ce mot n'a pas de féminin : les hommes, qui ont fait notre langue, ne pouvaient s'imaginer que les femmes seraient un jour capables d'écrire ; lorsqu'ils ont été bien convaincus qu'ils s'étaient trompés, ils se sont vengés en faisant de *bas bleu* le féminin d'*écrivain*, — un charmant écrivain donc, Mme la comtesse de Brady a dit : « Une femme modeste, vraie, sensible, laborieuse, ne sera jamais coquette; la coquetterie est incompatible avec la vertu. » Évidemment, elle avait en vue cette horrible coquetterie qui consiste à inspirer un amour qu'on ne pourra ou ne voudra pas partager, car est-il au monde une femme qui voudrait condamner le désir de plaire?

Mais ce désir lui-même, si naturel, si légitime, peut avoir son excès, ses abus, et c'est à ce point de vue particulièrement que je voudrais examiner l'influence qu'il exerce sur la paix des ménages.

Par une étrange aberration, les femmes en sont venues à croire que, pour plaire, il leur fallait autre chose que leur beauté, leur grâce, leur sourire, leur esprit. Elles se sont persuadé que le luxe et les extravagances de la toilette étaient un accessoire indispensable, et de cet accessoire elles ont fait le principal. Alors sont venues les modes ridicules, les exagérations de toute nature, les manches à gigot, les volants innombrables, les crinolines, les riches soieries, les damas, la moire antique, les bijoux de mauvais goût, les profusions de dentelles, etc., etc.

Mais ces exagérations coûtent fort cher. Le chapitre de la toilette féminine est devenu le chapitre le plus lourd du bulget des ménages. Le mari le sait mieux que personne. S'il aime sa femme, il supporte sans se plaindre cette charge accablante, mais il s'en afflige tout bas; il se dit que sa femme, pour lui plaire, n'aurait pas besoin de ces ruineux atours qu'on peut aller dans le monde, y paraître convenablement, y recueillir des hommages sans tout ce luxe écrasant. C'est un commencement de mésintelligence; c'est un germe qui, soyez-en sûr, se développera et produira des fruits acides.

Mais si le mari n'aime pas sa femme, ou s'il a le caractère mal fait, s'il est inquiet de l'avenir, préoccupé de sa fortune, oh! alors, le chapitre des frais de toilette devient, dans les ménages, ce qu'était autrefois dans les chambres législatives le chapitre des fonds secrets, c'est-à-dire une question ministérielle et un terrain de vives discussions. Madame essaye un bonnet, une coiffure, un châle, une robe, une confection quelconque. Ces chiffons lui vont à ravir, elle se mire, radieuse, et préjuge l'effet qu'elle produira. Le mari est là ; il joue le rôle que remplissaient à Rome les insulteurs autour du char qui portait le triomphateur au Capitole. Il critique, il blâme : Ce bonnet vous sied mal ; cette couleur n'est plus de votre âge; ce chapeau n'est pas de bon goût; cette robe est surchargée d'ornements ridicules, etc., etc.

Madame laisse passer l'orage, elle sait très-bien que d'autres seront d'un autre avis, auront des yeux plus indulgents. Chaque compliment qu'elle recevra deviendra un grief contre le mari. Les relations conjugales s'aigriront, on échangera des paroles amères, on s'adressera mutuellement des observations blessantes. Dans cette situation, mettez l'homme et la femme en présence du premier écueil venu, et ils y trébucheront. Le paradis du ménage, ce paradis sur lequel la lune de miel avait projeté de si douces lueurs, deviendra un enfer.

Ah! si ma voix pouvait avoir la moindre autorité, comme je conseillerais aux femmes de renoncer, non au désir de plaire, sans lequel elles ne seraient pas femmes, mais de renoncer à toute extravagance de toilette, à tout luxe immodéré! Comme je leur conseillerais de chercher à plaire par leur esprit, par leur charme naturel, par leur amabilité, plus que par leurs ajustements. A Dieu ne plaise que, censeur morose, je proscrive l'élégance, le bon goût, la distinction de leur mise! Je les aime bien trop pour leur interdire ces délicates recherches! Mais je voudrais que l'on pût à sa toilette distinguer, dans la rue ou dans un salon, une femme d'esprit d'une femme vulgaire.

Il n'en est pas ainsi aujourd'hui. Ce sont les femmes les moins belles, les moins spirituelles, qui font la mode, qui donnent le ton, et celles à qui cette initiative devrait appartenir se traînent à la remorque; elles suivent le troupeau à la tête duquel elles devraient marcher pour le diriger.

C'est la mode! Il faut bien se mettre à la mode! J'avoue que lorsque j'entends une jeune et jolie femme qui, par sa beauté, par sa position ou son esprit, pourrait faire autorité, lorsque je l'entends dire cette niaiserie et se transformer ainsi en mouton de Panurge, je sens faiblir en moi l'admiration, l'estime ou la sympathie qu'elle m'avait inspirée. La mode, la vraie mode, celle qui ne passera jamais, c'est la jeunesse, la beauté, la grâce, l'esprit, le goût. Ayez un ou plusieurs de ces dons du ciel, ayez-les tous ensemble, si c'est possible, et soyez sans crainte! marchez en tête de colonne, et vous serez suivies! Ne vous laissez pas surtout imposer des modes ridicules, des atours malséants! Coiffez-vous, habillez-vous à votre guise, et n'oubliez jamais que la véritable élégance et la simplicité sont sœurs jumelles. Ayez le goût, la distinction, et le reste viendra par surcroît.

Puisque j'ai tant fait que de me risquer à donner des conseils à la plus belle moitié du genre humain, qu'on me permette de continuer.

Un banquier juif très-célèbre me disait dernièrement : « Nous sommes une douzaine d'israélites à Paris, qui absorbons toutes les affaires, tous les capitaux, patronons toutes les entreprises. Heureusement pour vous tous, incirconcis que vous êtes, nous ne pouvons pas nous souffrir mutuellement, nous nous faisons la guerre à qui mieux mieux, et même dans l'état de lutte et de division où nous sommes, nous vous tondons de très-près. Priez Dieu que nous ne nous entendions jamais, car au lieu de vous tondre, nous vous croquerions. »

Il est peut-être très-heureux aussi, pour notre sexe, que les femmes se détestent, se jalousent mutuellement, comme le font les capitalistes juifs, car si jamais elles parvenaient à s'entendre, je ne dis pas à s'aimer, mais à se soutenir entre elles, notre vieille supériorité masculine serait très-sérieusement menacée.

Ce serait forfaire à mon sexe que de pousser à cette entente cordiale des femmes; mais je voudrais que du moins elles s'entendissent pour obliger leurs fournisseurs à ne plus exhiber les secrets de leur toilette.

Je lis chaque jour à la quatrième page des journaux des annonces qui feraient rougir un tambour-major, celle-ci entre autres, par laquelle un industriel prévient le beau sexe qu'il met en vente des... Mon Dieu! comment faire? Je voudrais trouver des périphrases honnêtes, mais le marchand dont je parle y va si peu par quatre chemins, il dit si naïvement les choses, que je suis bien obligé de lui emprunter ses *propres* expressions. Donc, on met en vente « des *seins* et *tournures* pour dames, imitant *parfaitement* la nature. »

Je ne veux pas chercher à me rendre compte du tour de force qui consiste à fabriquer de tels objets de façon qu'ils imitent *parfaitement* la nature. Je tiens le fait pour certain, si l'on veut, mais je me demande comment les femmes peuvent tolérer qu'on affiche ainsi publiquement les secrètes infirmités qui ne devraient avoir pour témoins que les meubles et les murs du cabinet de toilette.

Que, pour corriger certaines imperfections, on ait recours à des expédients, à des artifices de toilette, cela s'est vu de tout temps. Les grandes dames d'Athènes et de Rome en faisaient bien d'autres! Mais ce qui ne m'est pas prouvé, c'est qu'elles eussent toléré que l'on divulguât, sans scrupule et sans pudeur, les moyens qu'elles mettaient en œuvre soit pour compléter leur beauté, soit pour réparer du temps l'irréparable outrage.

Pourquoi nos contemporaines se montreraient-elles plus indulgentes, moins soucieuses de ce qui les touche de si près? Pourquoi permettraient-elles que l'on fît savoir au public railleur que, sur leur sollicitation sans doute, nos industriels fabriquent pour elles des tournures et autres objets imitant la nature *parfaitement?*

Elle est jolie, d'ailleurs, l'imitation! Il n'est pas de jour où, sur nos boulevards, dans nos promenades, dans nos théâtres, dans nos salons, nous ne soyons tous appelés à juger du mérite de ces inventions. Il n'est pas un de nous qui, à vue d'œil, ne puisse calculer combien de baleines, de coton, de caoutchouc ont été employés pour arrondir... tout ce qui nous paraît arrondi.

Est-il donc impossible de faire comprendre à cette moitié du genre humain, qui est sans contredit la plus belle, et qui n'en est pas, à coup sûr, la moins intelligente, qu'en permettant l'exhibition et la publication des mystères de sa toilette, elle perd d'un côté tous les avantages qu'elle croit conquérir de l'autre?

Et croit-on que la vue de ces secrets ressorts de la coquetterie féminine n'exerce pas sur le ménage une malheureuse influence? Le mari a ses entrées de droit dans les coulisses; quelle illusion peut-il lui rester?

Ici se présente une question très-controversée et qui divise encore les meilleurs esprits.

Les femmes ne font tant de frais, ne recourent à tant de combinaisons plus ou moins ingénieuses que pour plaire. Le but est louable, les moyens seuls sont mauvais.

Mais pourquoi la femme veut-elle plaire à tout prix? Vers quel but la pousse cet instinct irrésistible?

Les avis sont partagés.

Les uns, cédant à un mouvement de fatuité impardonnable, prétendent que si le désir de plaire est l'unique objet de la politique et de la diplomatie féminines, tout le mérite doit en revenir au sexe masculin. Selon eux, les femmes veulent, avant tout, plaire, non à tel ou tel homme, mais aux hommes en général, jeunes ou vieux, beaux ou laids, spirituels ou stupides, et voici le raisonnement qu'ils invoquent à l'appui de leur thèse :

Choisissez, disent-ils, la femme la plus sage, la

plus éprise de son mari. Elle roulera et cachera devant lui, après quelques mois de mariage, les bandeaux et les tresses de ses cheveux; elle déposera, sans sourciller, sur sa table de toilette, une fausse natte ou toute autre *fausseté* que le mari pourra contempler tout à son aise. Elle ne craindra pas de se montrer à lui dans un négligé où elle ne voudrait pas être vue, même d'un rustre; elle ne songera à dissimuler aucune de ses imperfections.

Mais qu'elle sorte un instant! comme elle va paraître sous les yeux d'une foule d'indifférents, elle mettra toutes voiles dehors, elle pointera toutes ses batteries; elle se parera de ses bijoux, de ses dentelles ou de ses lingeries les plus élégantes; la soie, le velours, les fourrures, les tissus les plus fins et les plus riches couvriront ses épaules; elle mettra ses cheveux en évidence, s'ils sont beaux et abondants, et s'ils ne le sont pas, elle en mettra de faux. Quelque pressée ou préoccupée, ou affligée qu'elle soit, elle se mirera longtemps pour s'assurer que rien n'est défectueux dans sa toilette; elle chaussera ses pieds des plus mignons brodequins, et tout cela, tous ces préparatifs incendiaires, pour qui? Pour vous, pour lui, pour moi, pour nous tous qui payerons à peine d'un regard distrait ou d'une tacite approbation cette éclatante et ruineuse mise en scène.

Voilà ce que disent les uns.

D'autres, au contraire, prétendent que cette ardente passion de plaire, qui pousse les femmes à tant de recherches, à tant d'excentricités, a un autre mobile et un autre but.

Ce but, ce mobile, c'est de désespérer, d'irriter, de faire mourir de chagrin les femmes, en déployant devant elles plus de ressources, plus de luxe, plus de jeunesse, plus de charme.

Je n'ai pas besoin de faire remarquer combien cette seconde thèse est plus injurieuse que la première.

Dans la première, la femme a du moins le désir de plaire aux hommes, à tous les hommes ; or on ne cherche pas à plaire aux gens que l'on déteste. Ce désir, fort honnête, seconde d'ailleurs les vues de la Providence, qui a fait du mutuel attrait des sexes la loi universelle. Dans l'autre, c'est bien autre chose ! Non-seulement les femmes n'aimeraient pas les hommes, mais elles se détesteraient entre elles à ce point que leurs parures seraient tout simplement des moyens de destruction appliqués au genre féminin tout entier.

Je n'ai pas besoin de dire combien je suis éloigné de ces systèmes désolants. Ce n'est pas qu'au fond ils n'aient l'un et l'autre quelque chose de vrai ; mais la vérité, toute la vérité, rien que la vérité n'est pas là. Il faut se défier en toutes choses de ce qui a un caractère absolu. L'absolu n'appartient qu'à Dieu et n'est pas plus de notre domaine que l'éternel, l'irrévocable, l'infaillible, et tous les mots que l'homme a empruntés aux attributs divins.

Mais c'est surtout lorsqu'il s'agit de la femme, c'est-à-dire de l'être le plus multiple, le plus souple, le plus charmant, le plus indéchiffrable de la création, qu'il faut rejeter toute théorie, toute règle absolue.

Sans doute les femmes tiennent fort à plaire aux hommes en général, même à ceux qu'elles ne daigneraient honorer ni d'une parole ni d'un regard ; sans doute elles désirent paraître plus jeunes, plus belles, plus riches, plus éclatantes que toutes les autres femmes. Mais ce ne sont pas là des défauts, ce sont des conditions essentielles de sociabilité et de civilisation sans lesquelles l'humanité serait encore à l'état de barbarie.

Ce que je conteste, c'est que ces mobiles soient exclusifs. Ce que je ne puis souffrir, c'est qu'on fasse aux femmes un crime de ce qui est au contraire leur titre de gloire.

Où en serions-nous, mon Dieu ! sans cet universel désir de plaire, qui est le véhicule de tous les progrès, de toutes les découvertes, de toutes les ambitions généreuses? Où en seraient nos arts, nos sciences, notre industrie, sans le perpétuel aiguillon des vanités féminines? Tout ce que l'on peut raisonnablement demander, c'est que ces vanités soient contenues par un sentiment supérieur, par le goût, par une sage réserve, sans lesquels il n'y a pas de bons ménages possibles.

Quant à notre vieil orgueil mâle, il n'a qu'à s'incliner humblement et à reconnaître cette incontestable vérité : que, sans l'attrait, même désordonné, qui a de tout temps porté les femmes vers tout ce qui est brillant, vers le luxe, vers les plaisirs, vers ce que l'on appelle les *pompes de Satan,* nous serions encore, nous autres hommes, des sauvages fort grossiers et fort malpropres.

Les femmes doivent donc avoir conscience qu'elles ont une mission civilisatrice à remplir, et que cette mission commence à peine. Courbées longtemps sous le joug de la force brutale, c'est d'hier seulement qu'elles relèvent la tête, et c'est au christianisme qu'elles doivent leur première émancipation. Leur affranchissement moral date du jour où la religion, dans ses mythes magnifiques, a fait asseoir Marie auprès de Dieu lui-même. Cet affranchissement, en se développant, en se complétant, aura de bien autres conséquences que celles dont nous sommes témoins; il pénétrera dans les mœurs, dans les lois, dans les institutions sociales, dans les systèmes d'éducation; en un mot, il révolutionnera le monde.

Que les hommes se le tiennent pour dit!

X

Les adultères constatés et les adultères ignorés.

L'adultère, constaté publiquement et judiciairement, est un fait très-exceptionnel relativement à la masse des adultères qui restent ignorés ou qu'une indulgence réciproque, des considérations de famille, des séparations amiables ou tous autres arrangements intérieurs cachent aux regards très-indiscrets du public.

C'est dans cette exception seulement qu'il est possible de rechercher les plaies de la famille et les défauts de l'institution actuelle du mariage. Si restreint qu'il soit, ce champ d'observations suffit largement à la démonstration qui fait l'objet de ces causeries. L'adultère est le fruit le plus amer sans doute, mais il n'est pas, à beaucoup près, le seul fruit que produisent les unions mal assorties.

Les désordres très-nombreux et très-divers qui naissent de ces unions n'éclatent pas tout à coup; ils se produisent et se développent successivement, et il serait presque toujours possible de les prévenir. Ce n'est pas parce que le mari trompe sa femme ou que la femme trompe son mari qu'ils font mauvais ménage; c'est au contraire après avoir fait plus ou moins longtemps mauvais ménage qu'ils se décident à se tromper mutuellement, qu'ils se laissent aller, l'un ou l'autre, quand ce n'est pas l'un et l'autre, aux tentations qui les environnent.

Ainsi que je le disais tout à l'heure, l'infidélité de l'un des époux devient parfois, il est vrai, le signal d'une entente cordiale, d'une paix intérieure plus ou moins précaire; mais une franche guerre ne serait-elle pas souvent préférable à cette paix factice?

Ce qui fait les mauvais ménages, c'est la dissemblance des goûts, des mœurs, des tempéraments; c'est très-souvent le défaut de délicatesse chez l'homme qui, parce qu'on lui a dit qu'il était le maître et le chef de la communauté, se croit tout permis; ce sont les mauvaises habitudes que les hommes contractent avant le mariage et qu'ils conservent après; c'est l'attrait exagéré des femmes pour la toilette et les distractions mondaines; c'est... que sais-je? c'est tout et ce n'est rien! C'est la divergence imperceptible qui sépare à leur point de départ deux lignes destinées à être parallèles et qui, en se prolongeant, se séparent de plus en plus l'une de l'autre.

Ne serait-il pas mille fois préférable que ce prolongement n'eût pas lieu?

Je ne veux pas remonter bien loin dans le passé, pour y faire mes recherches. J'ai déjà trop de pardons à demander aux lectrices et aux lecteurs de ce livre pour la rapide et inévitable excursion que j'ai faite plus haut dans le domaine de l'histoire. Je ne retomberai pas deux fois dans la même faute.

Je ne consulte donc que l'époque contemporaine et j'y recueille un ensemble de faits faciles à vérifier.

XI

Les excès, sévices et injures ne privent pas le mari du droit de porter plainte en adultère. Torts du mari.

Au mois de novembre 1825, un procès, considérable par le nom et la qualité des personnes qui y figuraient, occupa l'attention et défraya les malignités publiques.

M. le marquis de C... était judiciairement séparé de sa femme ; celle-ci avait obtenu contre lui la séparation de corps pour cause d'excès, sévices et injures. Néanmoins, une plainte en adultère était portée devant les tribunaux par M. le marquis de C...[1] contre sa femme, et contre M. S..., étudiant en médecine.

De la plainte, de l'ordonnance de la chambre du conseil et des paroles du ministère public, il résultait que le commerce illégitime de Mme la marquise de C... avec plusieurs jeunes gens, et notamment avec S..., avait commencé peu de temps après sa sortie de la maison des dames de Saint-Michel.

S... se reconnaissait le père de deux enfants nés de la marquise.

Le tribunal condamna par défaut les prévenus à deux années de prison.

L'affaire revint devant la sixième chambre en janvier 1826. Cette fois, les deux prévenus étaient présents; derrière et à côté d'eux se pressait une assistance nombreuse, avide de scandale. La prévenue

[1] Un sentiment de réserve et de respectueuse convenance pour les familles nous fait un devoir de ne pas transcrire les noms des parties plaignantes ou accusées dans les procès de cette nature. Les curieux n'auront qu'à se reporter aux journaux de l'époque pour y trouver les noms et les détails que nous croyons devoir taire. Ce n'est pas le scandale, c'est un sérieux enseignement que nous cherchons.

était en robe de velours violet, un cachemire blanc couvrait ses épaules, et un chapeau de velours noir orné de marabouts blancs cachait son visage. Les journaux du temps faisaient malicieusement contraster la jeune et bonne mine de M. S... avec les cheveux gris, le visage rouge et les lunettes vertes du mari.

Jamais plus amères récriminations ne furent échangées : « Ce n'est plus ici, dit l'avocat du roi, une de ces causes qui font retentir quelques instants cette enceinte des désordres domestiques. Les noms des parties, l'importance des questions, la gravité des torts, tout doit attacher à ce procès une de ces célébrités si cruelles pour les familles. Que la justice du moins y rattache aussi ces imposants souvenirs qui rassurent l'ordre social et rendent leur dignité aux liens sacrés de la famille. »

Le jugement du tribunal adoucit les peines; celle de Mme la marquise de C... fut réduite à dix-huit mois et celle de son complice à huit mois de prison. Le jugement contenait ce considérant significatif :

« Attendu que la loi n'admet de cause d'indignité que celle déterminée par l'article 339 du code pénal[1] ; que les *excès, sévices et injures,* alors même qu'ils *ont été admis comme cause de séparation de corps*, sur la demande de la femme, ne privent point le mari du droit de rendre plainte en adultère, etc., etc. »

Ainsi, — sortons des particularités de la cause dont nous venons d'évoquer le souvenir, oublions les intérêts et les individualités qui s'y trouvaient en lutte, dégageons l'enseignement supérieur qui en résulte, — un désordre domestique reçoit un éclat fâcheux ; une double condamnation méritée en est le résultat, mais est-ce que les torts ne sont pas communs au mari et à la femme ? Est-ce que ces excès, ces injures, ces sévices auxquels le jugement fait allusion n'accusent pas aussi le mari comme un des premiers, si ce n'est comme le premier coupable des désordres de la femme ?

La loi qui aurait permis à ces époux, mal assortis évidemment, de dissoudre le lien qui les avait unis, n'eût-elle pas été plus morale, plus protectrice de

[1] *Article* 339 *du code pénal.* Le mari qui aura entretenu une concubine dans la maison conjugale, et qui aura été convaincu, sur les plaintes de la femme, sera puni d'une amende de 100 fr. à 2,000 fr.

la dignité du foyer conjugal et de l'avenir des enfants que celle qui les a attachés aux mêmes douleurs, à la même honte?

Un mot encore sur cette affaire.

La cour royale fut saisie du double appel du ministère public et des parties. La cour, conformément aux conclusions de l'avocat général, pensa que la peine prononcée par les premiers juges n'était pas proportionnée à la gravité du délit; adoptant d'ailleurs les motifs du jugement de première instance, elle condamna les parties au maximum de la peine, deux années d'emprisonnement, et le complice, en outre, à 2,000 fr. d'amende.

Le marquis mourut. Mme de C... voulut se marier avec S...., en 1831. C'était du moins une réparation! Les parents du mari formèrent opposition à ce mariage. La quatrième chambre donna mainlevée. La famille interjeta appel. Sur ces entrefaites, Mme de C... et S... se présentèrent devant le maire du deuxième arrondissement, qui refusa de procéder au mariage, par la raison que si la cour royale, devant laquelle il y avait appel, infirmait la décision des premiers juges, cette décision aurait reçu une exécution contre laquelle il n'y aurait pas lieu de revenir. La marquise cita le maire du deuxième arrondissement devant la première chambre, présidée par M. de Belleyme, qui ordonna de procéder au mariage.

XII

Un mari qui offre de l'argent à l'amant pour qu'il se charge de sa femme.

Ce n'est pas seulement parmi les classes riches, titrées et éclairées, que nous devons chercher des preuves à l'appui de l'idée dont nous poursuivons la démonstration. Tous les rangs, toutes les professions, tous les pays même, viendront successivement nous apporter leur témoignage et leurs protestations.

En cette même année, le tribunal de Dye (Drôme) et celui de Valence condamnent la femme F... et son complice, chacun à six mois d'emprisonnement.

Il fut établi au procès que le mari avait, à plusieurs reprises, offert à l'amant une somme de 50 fr. pour qu'il se chargeât de sa femme.

Un homme qui se comporte ainsi n'est-il pas la cause première de la conduite scandaleuse dont il viendra plus tard demander aux tribunaux civils la répression?

XIII

Mœurs anglaises. Étrange autorisation donnée par un mari. — Un mari vieux et poltron.

Au même moment, la cour du Consistoire de Londres prononçait la dissolution du mariage de l'alderman C..., par suite de la liaison scandaleuse de sa femme avec son séducteur R...

Devant cette même cour, en juin 1826, se passait un épisode étrange. Les collatéraux de lord P..., arrière-neveu d'une des plus grandes gloires de l'Angleterre, portaient plainte contre lui à raison des faits suivants :

Lord P... était maître d'une immense fortune, adonné avec passion aux sciences exactes et fort insoucieux des choses ordinaires de la vie. Il avait épousé sa cousine Marie-Anne H... Celle-ci devint enceinte et appela un jeune docteur, qui, au dire de l'accusation, « pour mieux soigner la malade, avait été autorisé par le mari à coucher avec elle. »

Autre trait de mœurs! La scène se passe en août 1829, devant le tribunal de police de *Union-Hall*. Une jeune et jolie fermière de l'endroit est accusée par un homme fort laid, petit et d'un âge double du sien, d'avoir fui le domicile conjugal en compagnie de son séducteur. Le mari s'est rendu à Londres et y a surpris dans une même chambre le couple fugitif.

Les faits n'étaient pas contestés, le juge allait prononcer son arrêt, quand le mari s'écrie : « J'oublierai le passé de ma femme si elle promet solennellement de ne pas recommencer. »

La femme hésite un instant, sourit en regardant son mari et consent à retourner avec lui.

Que celui d'entre vous qui est sans péché jette le premier la pierre à cette femme! Ce ne sera certainement pas moi! Puisse-t-elle n'avoir plus péché! Mais sa première faute, très-condamnable assurément, était bien un peu celle du mari. Cet homme était non-seulement beaucoup plus âgé qu'elle, de caractère et de goûts différents, mais il avait peur de tout, peur de l'orage, peur du vent, peur du tonnerre. Il se cachait toujours et ne pouvait même donner à sa femme la protection qu'aux termes de la loi il lui devait. Des unions aussi mal assorties ne doivent-elles pas produire des résultats déplorables?

XIV

Le pardon accordé par le mari à la femme entraîne le pardon du complice.

La cour royale de Caen jugea en cette même année (1826) une question intéressante.

Une dame P... est poursuivie pour cause d'adultère, sur la plainte de son mari. Celui-ci se ravise, déclare qu'il pardonne à sa femme et qu'il la reprend auprès de lui. Le ministère public ne persiste pas moins à poursuivre comme complice de l'adultère le nommé T..., amant de la dame pardonnée.

La réconciliation des époux devait désarmer le ministère public. Si la loi établit que le crime d'adultère est le seul qui ne puisse être poursuivi d'office par la vindicte publique; si le mari seul peut ordonner les poursuites et les faire cesser en tout état de cause, par ce seul fait qu'il consent à reprendre sa femme, c'est que la loi a voulu protéger le foyer conjugal et laisser au mari, chef de la communauté, le soin d'apprécier ce qu'il lui convient d'accorder ou de refuser à son honneur outragé.

L'esprit de la loi serait évidemment violé, si le ministère public pouvait, après le pardon du mari, poursuivre le complice et livrer à la publicité un scandale que le mari a voulu amortir.

La cour royale de Caen adopta cette doctrine, et le complice T... ne fut pas poursuivi. En pardonnant à la femme, le mari avait implicitement pardonné à l'amant. Nous verrons plus tard la cour de cassation confirmer cette doctrine.

XV

Une femme admise à faire de singulières preuves.

Le tribunal d'Avignon jugea une question plus délicate encore.

Mme la comtesse de B... conte ses chagrins domestiques à son directeur. Elle a beaucoup à se plaindre de M. le comte de B..., non de son caractère, ni de ses procédés, mais d'une nature de griefs dont les Décrétales font longuement mention sous le titre : *De frigidis.*

Le directeur reconnaît la nécessité d'une séparation. M. le comte de B..., en homme de bonne compagnie, et qui se rend justice à lui-même, acquiesce à cette décision et engage sa parole de n'y point contrevenir.

Soit par des considérations d'intérêt, soit par tout autre motif, M. le comte se ravise, et pour forcer sa femme à réintégrer le domicile conjugal, il fait saisir ses revenus dotaux.

Devant cette agression, Mme la comtesse de B... se décide à rompre son généreux silence; elle attribue à un mobile intéressé l'insistance et la prétention de son mari, qui veut, dit-elle, « toucher les appointements d'un emploi *dont il néglige par force les devoirs*, etc. »

Le tribunal d'Avignon reconnaît que les faits allégués par Mme la comtesse de B... suffisent pour motiver une demande en séparation de corps, et l'admet à en fournir les preuves.

XVI

Un mari auquel il manque le nez et une joue. — Inconvénients des mariages disproportionnés.

Nous tournons un kaléidoscope; tous les incidents grotesques ou sérieux, toutes les douleurs vraies et profondes, tous les inconvénients de la vie conjugale viendront s'y refléter. Nous n'inventons rien, nous laissons parler les faits dont l'authenticité ne peut être contestée. Nous déduisons leurs conséquences partielles au fur et à mesure qu'elles se présentent, nous dirons plus tard les réflexions générales qu'ils nous inspirent.

Voici un excellent homme, je veux le croire; il est ancien militaire, ce qui l'honore; il lui manque un nez et une joue, ce qui ne l'embellit pas; il exerce l'état de perruquier, ce qui ne l'enrichit guère. Il épouse une jeune femme qui le trompe, et, sur la plainte du mari, le tribunal de la Seine (septième chambre) la condamne à quatre mois de prison. Certes, elle est coupable! mais ce vieux bonhomme, à qui il manque le nez et une joue, ce qui doit le rendre assez hideux, n'est-il pas coupable aussi en voulant associer à son existence une femme beaucoup plus jeune que lui? On me dira : Elle savait très-bien à quoi elle s'engageait; elle savait que son mari touchait déjà à la vieillesse, qu'il n'avait pas de nez, pas de joue, lorsqu'elle lui a juré fidélité. C'est vrai! mais si le juge est tenu d'appliquer la loi, le penseur qui veut à son tour juger la valeur d'une institution sociale n'est-il pas tenu aussi à tenir compte des conditions dans lesquelles ces unions disparates se produisent?

La femme, dans notre société, n'est émancipée que par le mariage; cette émancipation est le rêve et le but de sa vie. Si elle n'a pas de dot; si, par des circonstances indépendantes de sa volonté, par sa position de famille ou toute autre cause, le cercle dans lequel son choix peut se produire est très-restreint; si elle épouse le premier venu qui consent à l'émanciper, et si elle se repent le lendemain, qu'adviendra-t-il? Pour peu que des sollicitations étrangères à son ménage la pressent, pour peu que le sentiment du devoir et de sa propre dignité l'abandonne, pour peu que l'amour — qui n'a été pour rien dans son mariage — éveille son cœur et ses sens, elle tombera, heureuse encore si cette première chute ne devient pas le signal de chutes nouvelles! si ce premier désordre ne la conduit pas à l'ignominie!

Sur qui va peser votre sévérité? Sur la victime sans doute coupable de légèreté, d'entraînement facile, de corruption, de passion peut-être! mais ne doit-elle pas peser aussi sur un autre coupable, sur le mari qui l'a attachée, jeune et belle encore, à un cadavre vivant; sur la société qui fait aux femmes une destinée si fatale et qui exige d'elles beaucoup plus que les neuf dixièmes des hommes ne peuvent donner?

XVII

Conséquences de la débauche du mari.

Je trouve dans les annales judiciaires, à cette même date (1827), une plainte en adultère déposée par un M. D..., qui, après avoir dépensé en folles orgies tout ce qu'il possédait, abandonna sa femme et ses enfants, « sans une cuiller pour manger la soupe, » au dire d'un témoin qui fut entendu dans cette affaire.

Un étranger se présente, offre à la femme quelques ressources et cohabite avec elle. Le mari revient, constate le flagrant délit. La femme est détenue pendant six mois, puis condamnée à trois mois de prison.

Le mari aurait été condamné à recevoir le fouet en place publique, qu'à coup sûr il n'aurait pas été à plaindre.

XVIII

Mœurs espagnoles. Aveuglement du mari. Indignité de l'amant.

Mais en voici bien d'une autre, et j'invoque en particulier le jugement des femmes sur le fait que je vais raconter.

Ceci se passait à Madrid, en 1826.

M. de S..., officier de l'inspection des milices provinciales, régidor de Madrid, âgé de vingt-six ans, petit-maître et fort élégant, avait épousé une fort jolie Castillane. Mme de S... avait vingt-deux ans, elle était charmante, admirée, adulée. M. de S... avait pour ami intime un beau garçon, don Fernando M..., colonel, ce qui est la moindre des choses en Espagne, et, de plus, capitaine de la garde royale.

Suivant l'usage antique et solennel, le mari n'a rien de plus pressé que d'introduire don Fernando auprès de sa femme. Vous pressentez ce qui arrive. Don Fernando fait la cour à la jeune femme et parvient à lui faire agréer ses hommages. Mme de S... devient mère. Don Fernando s'éloigne et va papillonner ailleurs.

Mme de S... pleure, se désole, puis se venge comme les femmes savent se venger; apprenant qu'il est remplacé dans le cœur de la belle délaissée, don Fernando revient auprès d'elle, joue des scènes de jalousie; mais Mme de S... est inflexible et lui déclare qu'elle ne l'aime plus.

Que fait ce noble chevalier? Il va trouver son ami, M. de S..., le mari offensé, et lui remet toutes les lettres de sa femme.

Le mari demande au jeune colonel une réparation par la voie des armes; celui-ci refuse, sous le prétexte que les lois lui interdisent le duel, — comme si les lois n'avaient pas aussi interdit l'adultère!

Sur ces entrefaites, la femme, instruite de la lâche conduite de son premier amant, prend la fuite.

Désespéré, le mari va se jeter aux pieds du roi, qui ordonne une enquête, puis prononce en ces termes :

« En considération des services rendus par feu son père au moment de l'invasion, don Fernando M... quoiqu'il ait encouru la double peine de la dégradation militaire et de la mort, comme convaincu du crime infamant d'adultère, est condamné à rester en état d'incarcération dans le couvent de la Cabrera, jusqu'à ce qu'il plaise au roi d'ordonner son élargissement. Mme de S... restera enfermée au couvent du Repentir pendant toute sa vie, si son mari ne la redemande, et, dans ce cas, pendant un an au moins. M. de S..., disait l'arrêt en terminant, est exhorté à être plus vigilant à l'avenir. »

Sage conseil, qui n'avait d'autre inconvénient que celui de venir un peu tard !

Le brillant colonel appela de cette décision devant une commission militaire. Le roi nomma un de ses officiers pour instruire l'affaire. Le colonel nia résolûment ses rapports avec Mme de S..., la réception et, à plus forte raison, la remise des lettres qui, dit-il, avaient été fabriquées par ses ennemis. Les plus célèbres jurisconsultes de Madrid furent en émoi à cette occasion. L'adultère fut prouvé et la sentence maintenue.

Femmes qui lisez ceci, dites quel est, parmi les trois héros de ce drame domestique, le plus grand coupable! Ce n'est pas la femme, à mon avis.

XIX

Une très-curieuse affaire. Absolution de la femme; punition du mari.

Empruntons un autre trait de mœurs à la société espagnole.

Nous sommes à Santiago, par-devant le fiscal du tribunal ecclésiastique, et les faits qui s'y déroulent sont peu édifiants.

Don José G..., possesseur d'un majorat de 100,000 réaux de revenu, épouse dona Margarita C... Le rêve de don José est d'avoir un héritier, non pour l'amour de l'enfant, mais pour ne pas laisser sa fortune à ses frères.

L'enfant ne vient pas; don José a recours à tous les moyens : eaux fécondantes, bains, herbes, voyages, neuvaines, prières, communions, etc. Il invoque les quatre-vingts vierges de l'Espagne, fait des pèlerinages. Rien!

Désespéré et voulant surtout désespérer ses frères, don José avise un jeune moine, de bonne apparence; le paye largement et, après bien des circonlocutions, l'engage à se faire agréer par sa femme. Celle-ci était pieuse, elle aimait son mari. Elle résiste longtemps, mais le mari prétexte la nécessité d'un voyage, s'éloigne et laisse le champ libre au moine chargé de ses pleins pouvoirs.

Le moine s'installe en maître dans la maison. La femme succombe, cède et devient enceinte. On se hâte d'apprendre cette bonne nouvelle au mari, qui revient enchanté. Il comble de soins et d'égards sa jeune femme et renvoie le moine.

L'enfant naît; don José le fait solennellement baptiser comme son fils légitime.

Plus tard, et sans qu'il eût été besoin d'un concours étranger, dona Margarita mit au monde un second, puis un troisième enfant. Don José réfléchit alors et se dit qu'en vertu du droit d'aînesse, le premier enfant, qui n'est pas le sien, va hériter de ses biens et de ses titres, tandis que ses propres fils n'auront qu'une part très-mince de l'héritage paternel.

C'est au milieu de ces perplexités qu'il se présente devant le fiscal du tribunal ecclésiastique, auquel il raconte tout ce qui s'était passé. Le moine est appelé, il nie d'abord; la femme comparaît et nie timidement aussi; mais, devant les interpellations et les affirmations du mari, ils finissent tous deux par avouer les faits que nous venons de rapporter.

Le tribunal alors rend la sentence suivante :

« Attendu que le délit d'instigation d'adultère d'un mari envers sa propre femme et envers un ecclésiastique, délit non prévu par les lois, est constaté et que don José G... s'en est rendu coupable;

» Que la dame Margarita G.... quoique autorisée de son mari, s'est rendue coupable d'adultère, crime que n'avait aucun droit d'autoriser le dit don José G..., et a manqué, par sa faiblesse, aux lois divines et humaines;

» Que le moine, frère N..., a foulé aux pieds le plus saint des devoirs de son état, en se rendant coupable du plus honteux des crimes;

» Condamne don José G... à six ans de réclusion, à passer le reste de sa vie loin de son épouse;

» Condamne la dame Margarita G... à passer sa vie dans une maison de repentir;

» Condamne le moine, frère N..., à un exil perpétuel aux îles Philippines, à l'interdiction perpétuelle des licences ecclésiastiques;

» Déclare le premier fils de la dame G... illégitime, déchu de tout droit à l'héritage de don José G..., sur les biens duquel il aura une pension alimentaire de 5,000 réaux. »

Il fut fait appel de ce jugement devant le tribunal de la Rota romaine, à Madrid. Là, nouvelles enquêtes, plaidoiries du fiscal et des avocats.

Le tibunal de la Rota adopta les préliminaires de la sentence des premiers juges en ce qui concernait don José et le moine, et de plus :

« Considérant, en ce qui touche la dame Margarita G... : 1° que le crime dont elle s'est rendue coupable n'a été commis que sur les instances de son mari, qui a fait une absence pour lui en faciliter les moyens; 2° que sa conduite antérieure et postérieure prouve en faveur de sa moralité; 3° que, dans l'espèce, sa faute pourrait presque être considérée plutôt comme un aveuglement d'obéissance que comme un crime d'adultère, etc.;

» Condamne don José G... à dix ans de présides avec rétention [1], et aux frais;

» Ordonne la mise en liberté de la dame G..., qui ne pourra jamais se réunir à son mari; lui adresse les plus vives réprimandes;

» Confirme en ce qui touche le moine, frère N...;

» Ordonne que le premier enfant ne pourra recevoir aucune pension sur les biens de don José G...; qu'il partagera avec les autres enfants les biens de sa mère;

» Ordonne que le présent jugement sera soumis à l'approbation de Sa Majesté. »

Le roi, sur l'avis de la Camara, consentit à la pleine et entière exécution de ce jugement.

Quelle étrange histoire que celle dont nous venons

[1] Les *présides* sont les galères espagnoles. *Avec rétention* signifie qu'à l'expiration de la peine, elle se prolonge si un nouveau jugement ne l'a pas déclarée finie.

d'esquisser seulement la silhouette! Nous l'avons racontée simplement, sans y ajouter, mais, au contraire, en supprimant des détails qui auraient pu lui donner plus d'intérêt encore; nous n'avons donné que le squelette, en quelque sorte, des débats qui émurent si passionnément, en leur temps, la société de Santiago et de Madrid.

Nous n'en voulons tirer qu'une seule conséquence: c'est que dans cette affaire, comme dans la plupart des affaires de cette nature qui mettent en jeu les plus tristes passions du cœur humain, le beau rôle appartient presque toujours à la femme, qui se montre non pas seulement l'égale, mais la supérieure de l'homme auquel sa vie est liée, et qui, presque toujours aussi, est entraînée par lui dans l'abîme où elle trouve la honte, où s'anéantissent le bonheur de la famille, la dignité du lien conjugal et la moralité des enfants.

Cette fois, le tribunal d'appel a absous la femme et a frappé le mari, qui était le vrai coupable. Mais combien de fois n'est-ce pas le contraire qui arrive?

XX

L'inconduite du mari n'autorise pas celle de la femme. La séparation de corps diminue, mais ne détruit pas les devoirs qu'impose aux époux le lien conjugal.

La cour royale d'Aix en Provence jugea, en avril 1827, sous la présidence de M. le marquis d'Arlatan-Lauris, une affaire qui mit singulièrement en évidence les imperfections de la loi qui régit en France les rapports des époux.

Les époux L... vivaient en mauvaise intelligence. Le mari avait des maîtresses. Sa femme ne sut pas résister à ce mauvais exemple. M. L... fit surveiller la jeune femme et la surprit en adultère. Mme L... fut condamnée, et le jugement prononça la séparation de corps. Après avoir subi sa peine, elle apprit que son mari vivait chez lui, dans le domicile conjugal, avec une concubine. Elle crut, malgré la dure leçon qu'elle venait de recevoir, que la conduite du mari autorisait la sienne, et elle vécut auprès de l'homme qu'elle aimait.

M. L... intenta à sa femme un nouveau procès en adultère. L'affaire fut portée devant la cour royale d'Aix, qui condamna cette fois Mme L... au maximum de la peine, c'est-à-dire deux ans d'emprisonnement et aux frais, et ordonna en outre qu'après l'expiration de la peine elle serait, pendant cinq ans, sous la surveillance de la police. Le mari, qui voulait tirer quelques profits de la honte de sa femme, avait demandé des dommages-intérêts; il fut heureusement débouté de sa demande.

Les considérants de l'arrêt posaient en principe :

Que la séparation diminue, mais ne détruit pas les devoirs qu'impose *aux époux* le lien conjugal;

Que l'adultère de la femme pouvant faire entrer dans la famille un enfant illégitime, cette violation de la foi conjugale rendait l'époux outragé recevable à demander réparation;

Que, d'après les articles 336 et 339 du code pénal, les poursuites du mari peuvent être arrêtées, il est vrai, si sa femme fournit la preuve que le mari a tenu une concubine dans la maison conjugale; que Mme L... *offrait cette preuve;*

Mais, disait l'arrêt, attendu que l'effet de la séparation est de faire cesser la participation *ad thorum et mensam* (au lit et à la table), il s'ensuit qu'il n'y a plus maison conjugale; que le mari, qui était répréhensible aux yeux de la morale et devant la loi, n'est plus aujourd'hui passible d'aucune peine; que la maison conjugale, où la femme pouvait être sensiblement outragée par l'établissement d'une concubine, n'existant plus, il ne peut y avoir lieu à l'application de la loi.

C'était bien jugé, en ce sens que la cour interprétait exactement et rigoureusement la législation existante; mais élevons-nous plus haut, n'hésitons pas à blâmer, à condamner, si vous le voulez, la femme! Quel est le moraliste qui hésitera à blâmer et à condamner aussi le mari?

Puisque la séparation diminue, mais ne détruit pas les devoirs que le lien conjugal impose *aux époux*, est-ce que ce mari, qui vit avec une concubine et qui autorise ainsi les désordres ultérieurs de la femme qui porte son nom, n'est pas tout aussi répréhensible, si ce n'est plus, que la femme elle-même?

XXI

Où l'on voit que les hommes ont fait les lois.

J'en passe et des meilleures !

Voici cependant un fait emprunté à la *Gazette des Tribunaux* du 21 juin 1827, qui me paraît significatif.

S... est maçon ; il a plus de quarante ans et n'a rien d'agréable dans sa personne. Il en est à sa troisième femme qu'il a abandonnée dans la plus profonde misère pour aller vivre avec une fille plus ou moins perdue.

La femme S... n'imite pas son mari ; elle reste sage et porte plainte contre l'infidèle.

Les relations coupables du mari n'ayant pas eu lieu dans le domicile conjugal, puisqu'il l'avait abandonné, S... est acquitté par le tribunal.

« On voit bien, s'écrie la pauvre femme, que *les hommes ont fait la loi !* »

Que de bon sens et quelle vérité dans le cri de cette infortunée !

Peu de temps après, dans une affaire analogue, plaidée devant la sixième chambre, les femmes présentes à l'audience se précipitèrent sur le mari qu'elles auraient châtié, si à grand'peine il ne fût parvenu à s'échapper, sous la protection de son avocat.

XXII

Jurisprudence de la cour de cassation. Les poursuites contre la femme étant annulées, elles doivent l'être contre son complice.

Le délit d'adultère tient dans notre législation une place exceptionnelle ; il est le seul qui ne puisse être poursuivi, au nom de la société, par le ministère public. Le mari autorise ou suspend à son gré les poursuites ; il peut même effacer la condamnation après qu'elle a été prononcée non pas seulement contre sa femme, mais contre son complice.

Telle a été la jurisprudence de la cour de cassation.

Mme B... et M. R. C..., son complice, avaient été condamnés, comme coupables d'adultère, par le tribunal de première instance de Lyon, la première à deux ans, le second à un an de prison.

Le mari se désista ensuite. L'affaire vint en effet devant la cour royale qui déchargea les deux prévenus des peines portées contre eux.

Le procureur général se pourvut en cassation contre cet arrêt qui, selon lui, avait violé les dispositions de l'article 22 du code d'instruction criminelle et les articles 336 et 337 du code pénal [1].

La cour de cassation, sous la présidence du comte Portalis, par arrêt du 17 août 1827, rejeta le pourvoi du procureur général, en ces termes :

« La cour : Attendu que si, aux termes de l'ar-

[1] L'article 22 du code d'instruction criminelle porte que les procureurs impériaux sont chargés de la recherche et de la poursuite de tous les délits dont la connaissance appartient aux tribunaux de police correctionnelle, ou aux cours spéciales, ou aux cours d'assises.

Les articles 336 et 337 du code impérial portent que l'adultère de la femme ne peut être dénoncé que par le mari, qui reste le maître d'arrêter l'effet de cette condamnation en consentant à reprendre sa femme.

ticle 22 du code d'instruction criminelle, le ministère public est seul chargé de poursuivre les crimes et les délits, au mari seul appartient le droit de réclamer la punition des violations de la foi conjugale ;

» Qu'en effet, aux termes de l'article 336 du code pénal, le ministère public ne peut agir que sur la dénonciation du mari ;

» Qu'aux termes de l'article 337, le mari peut arrêter les effets de la condamnation ;

» Qu'il suit de là que si le mari retire sa dénonciation, toute action du ministère public est éteinte ;

» Que les poursuites contre la femme étant annulées, *elles doivent l'être contre son complice ;*

» Rejette, etc. »

XXIII

Une paternité impossible.

Un jugement du tribunal du Havre avait condamné, en 1827, à dix-huit mois d'emprisonnement pour délit d'adultère, Mme P..., appartenant à la société la plus riche de la ville. L'affaire vint en appel devant la cour de Rouen.

Là se déroulèrent des situations assez bizarres. Le mari ressemblait au bonhomme du *Calendrier* dans le conte de la Fontaine. Il donnait à sa femme tout le luxe dont sa grande fortune lui permettait de l'entourer. Mais ce qu'il ne lui donnait pas était assez ingénument défini par une exclamation du mari, qui fut rapportée au procès.

Un jour, dans un salon, une dame, innocemment ou non, demande à M. P... si c'est de son premier enfant que Mme P... est enceinte : « Ma femme n'est pas enceinte, *cela ne peut pas être!* » s'écria étourdiment le mari irrité.

Cette imprudente question lui donna l'éveil. M. P... ne put surprendre sa femme, mais devant le tribunal, par des dépositions nombreuses, il établit que Mme P... était au moins intimement liée avec un jeune homme de dix-huit ans, appartenant à une famille amie, aimable enfant que M. P... avait lui-même introduit et choyé dans le domicile conjugal.

La cour jugea qu'il y avait adultère, mais touchée

sans doute des circonstances de la cause, elle réduisit l'emprisonnement à trois mois.

XXIV

Les voies de l'adultère frayées par le mari. L'hospitalité écossaise.

Un des plus grands observateurs des misères sociales, un de nos grands artistes, Gavarni, a publié une série de dessins spirituels sous ce titre : *Les maris me font toujours rire.* Nous ne serions pas étonné qu'il eût trouvé dans les annales que nous feuilletons en ce moment [1] les types qu'il a popularisés.

M. R... se présente un jour devant la cour du shériff, en Écosse ; il avait épousé une belle fille de vingt ans, qui lui avait apporté une dot assez ronde, 30,000 livres (750,000 fr.).

1 Je me reproche de n'avoir pas dit encore que je dois cette curieuse collection à l'obligeance dévouée de mon jeune ami et confrère, M. Hogel.

Le premier soin de M. R... fut de présenter à sa jeune femme un de ses amis, M. M..., jeune chirurgien.

Quand on introduit le loup dans la bergerie, au moins faut-il surveiller ses dents. M. R... prit plaisir, au contraire, à solliciter les rapports des deux jeunes gens. Jamais mari ne fut plus débonnaire. Il semblait prendre plaisir à laisser mistress R... avec M. M...

Sa femme un jour lui exprima le désir de passer les nuits dans une chambre assez éloignée du corps de logis principal ; elle ferait, disait-elle, coucher une domestique auprès d'elle. Comment donc ! M. R... prit lui-même la peine de faire installer la chambre, les deux lits, sans remarquer que cette chambre, située à l'entre-sol et donnant sur une partie isolée du jardin, semblait particulièrement destinée à faciliter l'accès de ce que Balzac a ingénieusement appelé le *Minotaure*.

M. R... ne s'occupait pas plus de sa femme que si elle n'existait pas. Un soir pourtant, cédant à je ne sais quelle fantaisie, mordu peut-être par un soupçon, il voulut s'informer de la santé de madame. Il entre dans la pièce, mal éclairée par une veilleuse.

La femme de chambre était ou semblait être dans son lit, la tête tournée du côté de la ruelle, et ronflait robustement.

« Jenny, dit le mari en frappant sur l'épaule de la soubrette, prenez garde ! vous allez réveiller votre maîtresse ! »

Mistress R..., réveillée en sursaut, s'assied dans son lit et gronde son époux, trouvant, dit-elle, cette familiarité avec une servante au moins fort déplacée.

Le mari s'excuse, s'éloigne, mais en descendant l'escalier, quelle n'est pas sa surprise ! Il rencontre nez à nez la femme de chambre qu'il venait de voir ou plutôt d'entendre dans son lit, dormant d'un sommeil si profond.

Il remonte aussitôt dans la chambre, mais cette fois le lit était vide. Le galant avait pris la fuite en sautant par la fenêtre. Le mari fit une perquisition en bonne forme et découvrit dans un coffret secret une correspondance amoureuse qui ne pouvait lui laisser aucun doute sur l'étendue de son malheur.

Il eut du moins le bon esprit de comprendre qu'il en était le premier artisan ; il n'exerça aucune poursuite contre sa femme, mais il envoya à M. M... une assignation pour comparaître devant le jury, qui condamna le disciple d'Esculape à 700 livres sterling (17,500 francs) de dommages et intérêts envers le mari.

Voilà, il faut en convenir, la morale bien vengée et une étrange satisfaction donnée à l'honneur conjugal outragé !

XXV

La femme et l'oncle.

Puisque nous sommes en Angleterre, restons-y et empruntons-lui un autre trait de mœurs.

M. R. B. est un jeune ecclésiastique ; comme tous les ministres protestants, il désire se marier. Il épouse miss M..., âgée de dix-neuf ans, qui lui apporte en dot 8,000 livres sterling (200,000 fr.). Il est convenu que les époux iront loger chez M. H..., riche propriétaire et oncle de la jeune épouse.

M. H... est un bon vivant, dans la force du terme, très-bon et très-vivant. Le jeune ministre R. B. est austère comme une tête-ronde, prude comme un saint d'Israël.

Un jour, il surprend sa femme assise sur les genoux de son oncle. Il se fâche, on rit. Il va se plaindre à mistress M..., sa belle-mère, qui l'envoie irrévérencieusement se promener.

Une autre fois il trouve la nièce embrassant tendrement son oncle. Pour le coup, il n'y tient pas, dénonce sa femme ; mais comme les témoignages ne viennent pas à l'appui de la plainte, la cour du banc de la Reine absout les prévenus.

XXVI

La femme légitime servante de la concubine.

Il est très-rare que le mari puisse être poursuivi en adultère. Il faut, pour cela, qu'il ait installé sa concubine au domicile conjugal, et la femme n'invoque guère l'adultère du mari que pour obtenir la séparation de corps. Encore faut-il un jugement pour admettre la femme à faire la preuve des faits articulés par elle !

L'inconduite de l'homme est plus fréquente que celle de la femme ; mais la femme est plus indulgente et meilleure ; elle ne se plaint guère que dans le cas de légitime défense et lorsqu'elle veut tâcher de se soustraire à un joug devenu odieux. Et dans ce cas même elle n'a pas toujours les moyens de poursuivre !

La quatrième chambre du tribunal de la Seine admit une dame G... à faire la preuve des faits articulés. Son mari, M. G..., un aimable homme ! avait installé au domicile conjugal, avec la qualité apparente de domestique, une fille qui était sa maîtresse, et mit au monde un enfant adultérin. Mme G... était obligée de servir sa rivale, et lorsqu'elle se plaignait, M. G... menaçait de la tuer.

Presque en même temps, une autre femme, Mme de M..., demandait à la première chambre l'autorisation de faire la preuve de faits analogues contre son mari.

XXVII

L'indulgence du mari pour les désordres de sa femme peut devenir l'objet d'une condamnation contre lui.

Si la femme peut impunément être indulgente pour les faiblesses ou l'inconduite de son mari, la réciproque n'est pas vraie.

Le tribunal correctionnel de Digne fit comparaître devant lui M. E..., sous prévention d'outrage public à la pudeur. Le brave homme n'avait rien fait, mais il laissait faire sa femme qui entretenait publiquement des relations avec M. B....

Le mari fut condamné à six mois de prison et 100 fr. d'amende, mais alors il se ravisa, il poursuivit tardivement sa femme en adultère, et le complice, M. B..., fut condamné à 2,000 fr. de dommages-intérêts, avec contrainte par corps.

XXVIII

L'aveu fait par le complice, dans un interrogatoire signé par lui, n'est pas une preuve de l'adultère.

Le flagrant délit ou des preuves écrites sont nécessaires pour que le complice de la femme adultère puisse être poursuivi; mais toutes les preuves ne suffisent pas.

Un jugement de la Cour royale de Paris (18 mars 1829), confirmé par un arrêt de la cour suprême, porte ceci : « Considérant que l'article 338 n'admet contre le complice de la femme adultère d'autre preuve, outre le flagrant délit, que les pièces écrites par le prévenu; que l'on ne peut considérer comme pièce écrite par le prévenu *l'aveu par lui fait* dans un interrogatoire *de lui signé* et par lui subi en état d'arrestation, parce qu'une telle déclaration n'a pas le caractère de liberté morale. »

Ce fut le procureur général qui se pourvut contre cet arrêt, et son pourvoi fut rejeté par la cour de cassation le 9 mai 1829.

XXIX

Encore les mœurs écossaises. Abandon de la femme par le mari. Condamnation de la femme.

Les tribunaux écossais retentissent souvent de procès en criminelle conversation. Nous en avons rapporté quelques-uns déjà; en voici un autre que nous analyserons en peu de mots, et dont l'héroïne a plus d'une analogie avec la célèbre fiancée du roi de Garbe.

Elle est fille d'un lord d'Écosse et se marie d'abord, sans le consentement de son noble père, avec sir C... Une union faite sous de tels auspices, procédant du mépris pour l'autorité paternelle, ne pouvait être longtemps heureuse.

Sir C... abandonna sa femme, bien qu'il n'eût pas encore à se plaindre d'elle. Madame C... s'éprend alors d'un beau lieutenant qui partait pour la guerre. Qu'à cela ne tienne! Elle revêt des habits d'homme, fait les campagnes de la Péninsule, et accouche le jour même de la bataille de Salamanque. D'aventure en aventure, elle rentre en Angleterre; elle veut revoir l'Écosse, sa patrie, et arrive sur la frontière des deux pays; elle accouche de nouveau d'un enfant qui, comme le héros d'un des romans de Smollet, ne saura s'il est Anglais ou Écossais.

Le mari, qui dormait depuis longtemps, tranquille, sur l'oreiller des infidélités conjugales, se réveille, porte plainte et fait condamner sa femme en six années de prison.

Quelle peine méritait-il, lui qui n'avait pas craint de soustraire une jeune fille à l'autorité paternelle, et qui l'avait abandonnée après en avoir fait sa femme légitime?

XXX

Imprudence du mari. Lady H... et un officier français.
Acquittement faute de preuves suffisantes.

Citons un autre trait des mœurs anglaises ; cette fois, la scène se passe à Paris.

Lord H... occupant dans la marine britannique un rang élevé, porte plainte devant la sixième chambre contre lady H... sa femme, et contre M. P... officier de l'armée française. Son avocat expose les faits.

Lord H... s'était marié à Mlle Amélie L... Il comptait déjà cinq ans de mariage heureux. Un jour, une famille amie de lord H..., M. et Mme F... lui annoncent qu'ils viennent faire un voyage en France et résider quelque temps en Touraine.

Emmenez ma femme avec vous, dit le mari, soit qu'il voulût jouir d'un peu plus de liberté, soit qu'il n'eût d'autre intention que celle d'être agréable à sa sensible moitié. Cette proposition est acceptée.

On part, on est parti. Les Anglais ne viennent

pas en Touraine pour y vivre comme des ours. Quelques personnes, entre autres le capitaine P..., sont admis dans l'intérieur de la famille F... Le capitaine fait la cour à lady H... et lui donne des leçons de français. Un homme du monde ne donne pas impunément des leçons de quoi que ce soit à une jeune femme!

Je ne sais ce qui advint, mais lady H... revint à Londres triste et rêveuse. Bientôt elle persuada à son mari que le séjour de la France lui était indispensable, que l'air pur de la forêt de Fontainebleau, par exemple, lui ferait grand bien.

En homme expérimenté, le mari conçoit quelques soupçons, et se dit, comme à l'Opéra-Comique, que tout cela cache un mystère. Aussi, cette fois, ne confiera-t-il sa femme à personne! Il l'accompagnera lui-même sur le continent.

Ils arrivent à Fontainebleau. O hasard! O rencontre inespérée! le capitaine P... tient précisément garnison dans cette résidence royale! Il vient saluer lady H... qui le présente à son mari.

Les soupçons de celui-ci prennent plus de consistance, et voilà cet homme, qui avait imprudemment éloigné sa femme de lui pour l'envoyer seule en

France, faisant aujourd'hui le guet autour d'elle.

Le sous-préfet donne un bal auquel les époux H... sont invités. Le mari déclare qu'on n'ira pas à cette fête, et qu'on partira sous peu de jours pour retourner à Londres. Lady H... se désole, pleure, insiste et prend le parti de tomber malade. Le médecin arrive, tâte le pouls et fait une moue significative.

Tout à coup, une dépêche de Londres arrive par estafette, lord H... est rappelé pour le service du roi.

Que faire? L'âne de Buridan placé entre ses deux picotins n'était pas plus embarrassé que ne le fut ce mari jaloux. Mais l'ordre était pressant, Mme H... devenait de plus en plus souffrante, il partit seul.

Qu'arriva-t-il? Je l'ignore. Mais le mari, qui faisait ou faisait faire sentinelle autour de sa femme, surprit un jour une lettre sans signature, portant pour toute suscription l'initiale A, qui se rapportait, il est vrai, au prénom de lady Amélia H..., et armé de cette pièce de conviction, il se présenta devant les tribunaux français, qui acquittèrent les deux prévenus, faute de preuves suffisantes.

XXXI

Le mari bouc émissaire.

Il arrive parfois que, pour obtenir la séparation de corps après que les tribunaux n'ont pas trouvé de motifs suffisants pour la prononcer, un des époux consent à se laisser accuser d'adultère pour obtenir cette séparation si désirée. Dans ce cas, c'est le mari qui ordinairement se résout à être le bouc émissaire des iniquités conjugales.

Une bonne grosse femme, âgée de quarante-cinq ans environ, se présenta devant la septième chambre, accusant son mari d'avoir entretenu une concubine dans le domicile conjugal. Le mari, qui avait bien l'air d'être incapable d'une action si noire, avait, en sa qualité de chef de la communauté, donné bénévolement à sa femme l'autorisation d'ester en justice et de le poursuivre.

Après avoir montré aux juges sa paterne et commune figure, le mari fit défaut et le tribunal le condamna à 200 fr. d'amende.

N'y a-t-il pas dans ce simple fait la révélation éloquente d'un des vices de notre législation matrimoniale? Sans doute, il est nécessaire que les époux n'aient pas la faculté de se séparer sous l'influence d'un premier mouvement d'humeur et de colère; il ne faut pas qu'ils prennent de simples dissentiments pour une antipathie invincible, pour une incompatibilité absolue. Il est nécessaire qu'ils connaissent toute la valeur, toute la sainteté du lien conjugal qui ne peut être à la merci d'un caprice passager. Mais lorsque l'incompatibilité est démontrée, constante, lorsque les époux ne peuvent vivre ensemble sans scandaliser le monde et leurs enfants par le spectacle de leurs mutuelles antipathies, ce serait un bien peut-être de faciliter leur séparation. La plupart des mariages se font si étrangement! On consulte si peu les goûts réciproques des conjoints! Le mariage est si souvent une affaire de convenance ou d'argent!

XXXII

L'indignité du mari prise en considération par les juges.

L'indignité du mari est quelquefois prise en considération par les tribunaux.

Je trouve en 1829 deux jugements du tribunal de la Seine, confirmés par la cour royale, qui renvoient des fins de la plainte deux femmes accusées d'adultère par leurs maris. L'un de ces hommes avait précédemment reconnu un enfant adultérin qu'il avait eu d'une jeune ouvrière travaillant dans ses ateliers; l'autre avait introduit deux filles dans le domicile conjugal.

Je demande la permission d'emprunter aux journaux de l'époque un récit très-court :

Une femme se présente devant le tribunal correctionnel de la Seine.

Le président. Vous avez porté plainte en adultère contre votre mari?

La femme P... Oui, monsieur le président, même que j'avais une domestique qui combinai-z-avec lui. Oh! les scélérats d'hommes! c'est eux qu'a fait la loi... Si c'était nous...

Le président au mari. Vous entendez?

Le mari. Un instant, mon magistrat, entendons-nous! J'étais fruitier, le commerce n'allait pas, j'ai changé d'état; voilà que dans mon nouveau métier, relativement à la stagnation permanente...

Le président. Tout cela est étranger aux faits que l'on vous reproche. Avez-vous eu des relations avec votre domestique?

Le mari. C'est une erreur. J'étais fruitier, et pour lors...

Le président. Convenez-vous avoir partagé votre lit?

Le mari. Ah! quant au lit, c'est vrai! Ce n'était pas chez moi, mais chez elle; histoire d'être tranquille et d'éviter de petits désagréments.

Le procès-verbal du commissaire et la déposition des témoins ne laissant aucun doute, le mari est condamné à 100 francs d'amende et aux frais.

Combien de ménages pareils à celui-là, surtout dans les classes inférieures!

XXXIII

L'adultère du mari fournit-il à la femme accusée d'adultère une exception légitime? Opinion des Pères de l'Église. — Mœurs macédoniennes. — Caton prêtant sa femme à son ami; arrangement de famille.

Dans un *Traité de l'adultère*, publié en 1778, Fournel, avocat au Parlement, examine la question de savoir si l'adultère du mari fournit à la femme accusée d'adultère une exception légitime. Il s'appuie sur l'autorité de plusieurs jurisconsultes pour lesquels la réponse affirmative n'est pas l'objet d'un doute.

La loi 13, au Code, *De adulterio*, enjoignait aux juges, devant lesquels était portée l'accusation, d'examiner si le mari n'était pas lui-même coupable d'inconduite et de déréglement; auquel cas la loi voulait que la plainte du mari fût rejetée, « car, disait-elle, il serait trop injuste que le mari pût exiger de sa femme plus de vertu qu'il n'en a lui-même. »

Cela est cent fois vrai. Comment! vous êtes le chef de la communauté, vous vous arrogez toute supériorité, vous êtes le maître, le protecteur, vous devez donc le bon exemple, et si votre inconduite n'autorise pas l'inconduite de votre femme, c'est bien le moins qu'elle ait pour résultat de vous priver du droit de la poursuivre publiquement, de la châtier, de la flétrir, le jour où elle succombe à la malheureuse tentation de vous imiter!

Une autre loi citée par Fournel (la loi 39 du Code, *De la dissolution du mariage*) contenait les mêmes dispositions et consacrait d'une manière énergique l'exception dont il s'agit : « Entre un homme et une femme qui ont tous deux violé les bonnes mœurs, il n'y a rien à prononcer en faveur de l'un ni de l'autre. Aucune des deux parties n'est recevable à invoquer des lois que toutes les deux ont méprisées, et il se fait une compensation de leurs torts respectifs. »

Ce sentiment fort équitable avait été celui des plus grands docteurs de l'Église. Saint Jérôme justifie cette jurisprudence qui, de son temps, était généralement reçue : « Ce qui n'est pas permis aux femmes, dit ce grand saint dans une de ses épîtres, n'est également point permis aux hommes. Ils sont soumis à la même condition. Le mari convaincu d'adultère ne peut accuser sa femme. »

Saint Augustin était de cet avis. Sénèque, Quintilien, Lactance, attachent le plus grand prix à cette exception qui a été consacrée en France par plusieurs arrêts.

Il faut dire cependant que cette opinion est contredite par celle des jurisconsultes célèbres; ils pensent que l'exception d'adultère, *par compensation*, ne soustrait pas la femme à la peine corporelle, et que son effet se réduit à lui conserver la reprise de sa dot et de ses conventions matrimoniales.

« Pour moi, dit Fournel, je me rangerais volontiers du côté du premier avis, comme étant le plus capable de mettre un frein à l'inconduite des maris. De quel droit un mari se plaint-il d'un crime dont il s'est lui-même souillé ? Comment ose-il invoquer la sainteté des serments qu'il a violés le premier, et se récrier contre un parjure dont il a donné l'exemple et suggéré l'idée ? Car, comme dit un ancien (Quintilien), le mari qui viole la foi conjugale invite sa femme à l'exemple ou à la vengeance. »

Par les faits que nous avons cités, et par ceux que nous aurons bientôt occasion de rappeler, on verra que cette jurisprudence est généralement abandonnée. Le mari délaisse sa femme, vit loin d'elle dans la débauche, et, du fond de son ignominie, il peut encore poursuivre celle que, par son exemple et par son abandon, il a pour ainsi dire livrée à des mains étrangères.

Ici se présente une autre question : celle du consentement donné par le mari. Ce consentement peut-il avoir une valeur morale? Jamais, sans doute; mais les tribunaux doivent-ils tenir compte du consentement donné par le mari, soit par écrit, soit autrement?

Nous avons vu, dans une affaire célèbre que nous avons rapportée plus haut et qui a été jugée à Santiago d'abord, et plus tard en appel à Madrid, que la femme, dont l'adultère avait été provoqué et ordonné par le mari, fut condamnée d'abord, puis acquittée.

Le consentement du mari peut donc, non pas légitimer, mais excuser, aux yeux des juges, l'adultère de la femme, si ce consentement est formel et spontané. Au commencement du siècle dernier, une femme dont la beauté a été célèbre, Gabrielle Pereau, connue sous le nom de *la Belle Épicière*, avait subtilisé à son mari un écrit par lequel cet imbécile permettait à sa femme de se conduire absolument à sa guise et comme si elle n'était pas en puissance de mari.

Dieu sait si Gabrielle avait usé et abusé de la permission. Le mari poursuivit Gabrielle comme adultère, mais les magistrats ne tinrent aucun compte du prétendu consentement, et Gabrielle Pereau fut condamnée, par arrêt du 1er décembre 1701, à être enfermée à l'hôpital de la Salpêtrière.

« Au surplus, dit un auteur, de ce que le consentement du mari fournit à la femme une exception contre l'accusation d'adultère, il ne faut pas conclure que ce consentement est légitime et justifie l'infidélité de la femme ; au contraire, ce consentement expose l'un et l'autre à une poursuite rigoureuse de la part du ministère public pour l'outrage fait aux mœurs. »

En principe, il n'est pas plus permis à un mari de livrer la femme à son amant qu'il n'est permis à la femme, si dévouée qu'elle puisse être, d'introduire une femme étrangère dans la couche nuptiale. Sarah, qui offrit à Abraham, sous le prétexte qu'elle était stérile, d'introduire dans son lit une jeune fille qui était leur servante, et ce vieux patriarche acceptant avec plaisir cette proposition un peu leste, seraient condamnés aujourd'hui pour fait d'outrage aux mœurs.

Et la plupart de ces Lacédémoniens austères qu'on nous a tant fait admirer au collége auraient le même sort!

Pour l'édification des personnes qui croient que les sociétés modernes tombent en pourriture, que tout était bien dans l'antiquité, tandis qu'aujourd'hui tout est mal, je demande la permission de citer un passage de Plutarque, dans sa Vie de Lycurgue, traduction d'Amyot :

« Pourtant, n'étoit-il pas reprochable à un homme qui se trouvast sur l'âge et ayant jeune femme, s'il voyoit beau jeune homme qui lui agréast et semblast de gentille nature, le mener coucher avec sa femme pour la faire emplir de bonne semence, et puis avouer le fruit qui en naissoit comme s'il eust été engendré par lui-même.

» Aussi étoit-il loisible à un honnête homme qui aimast la femme d'un autre, pour la voir sage et pudique et portant de beaux enfants, prier son mari de le laisser coucher avec elle pour y semer, comme en terre grasse et fertile, de beaux et bons enfants qui, par ce moyen, venoient à avoir communication de sang et de parentelle avec des gens de bien et d'honneur. »

Cet honnête homme, ces gens de bien et d'honneur dont parle Plutarque, qui procéderaient avec ce sans-façon en matière conjugale, seraient tout simplement aujourd'hui traduits en police correctionnelle par un des conjoints ou par le ministère public, et il n'y aurait pas d'historien assez complaisant pour transmettre à la postérité le récit de eurs hauts faits.

Avant de quitter ce sujet, du consentement d'une des parties à l'adultère de l'autre, je dois dire quelques mots d'un autre trait de l'antiquité que j'ai sommairement énoncé au commencement de ce livre. Caton, ai-je dit, le sage, l'austère Caton prêta sa femme à son ami Hortensius, et, certes, il ne l'aurait pas fait si les lois romaines se fussent opposées à une complaisance de ce genre. Il est bon de raconter comment les choses se passèrent, toujours pour l'édification des détracteurs du temps présent.

C'est encore Plutarque qui nous fournit ces détails.

Hortensius était un personnage considérable, d'une grande autorité et respecté pour l'austérité de ses mœurs.

Vous allez voir jusqu'où allait cette austérité.

Comme il était fort admirateur de Caton et comme il désirait vivement contracter quelque alliance avec lui pour resserrer d'avantage l'amitié qui les unissait, il proposa un jour à Caton d'épouser sa fille Porcia.

— « Mais, dit le sage Caton, Porcia est mariée à Bibulus et elle a de lui deux enfants. »

— « Raison de plus, dit l'homme austère, Bibulus est déjà avancé en âge, il est probable qu'il n'aura pas d'autres enfants. Il ne convient pas qu'une femme jeune et *honnête* demeure *oisive*, qu'elle ne tire aucun parti de sa fécondité qui peut être avantageuse à l'État; elle ne peut mieux faire que de *se communiquer* successivement à plusieurs citoyens *vertueux* et de répandre dans les familles des rejetons qui soutiennent sa tige. D'ailleurs, si Bibulus a de la répugnance à se priver entièrement de son épouse, je m'engage à lui rendre Porcia aussitôt qu'elle m'aura donné un enfant. »

Caton rejeta cette proposition, par le motif que sa fille Porcia vivant bien avec Bibulus, il serait injuste et difficile de les séparer, ajoutant que si Hortensius était désireux de son alliance, il devait trouver quelque autre moyen de se la procurer.

Était-ce une ouverture, ou bien Hortensius n'avait-il demandé Porcia que pour dissimuler une demande qu'il n'osait formuler tout d'abord et qui lui tenait plus au cœur? L'histoire n'en dit rien : le fait est qu'Hortensius annonça alors à son ami qu'il aimait beaucoup sa femme et le pria de la lui céder, — toujours pour avoir quelques enfants, — d'autant plus que lui, Caton, avait déjà une assez nombreuse lignée. A ce moment même, Mme Caton était enceinte.

Vous croyez peut-être que ce grand homme accueillit cette proposition comme nous l'aurions accueillie, vous et moi.

Erreur! « Voyant le grand empressement d'Hortensius, il ne put pas se décider à lui refuser ce qu'il paraissait désirer si ardemment. » Caton consentit, mais il fut pris d'un scrupule. Il voulait bien céder sa femme à son ami, mais il voulait obtenir le consentement préalable, non de sa femme, fi donc! mais de Philippe son beau-père.

Philippe se montra d'aussi bonne composition que Caton; le beau-père et le gendre se valaient; le marché fut donc conclu, et voilà comme quoi la femme du sage Caton devint la femme de l'austère Hortensius.

D'autres historiens nous apprennent qu'Hortensius étant mort, Caton reprit sa femme et vécut avec elle en bonne intelligence.

Le christianisme a incontestablement amélioré les mœurs sous ce rapport. Aucun des deux époux aujourd'hui n'a le droit de dégager l'autre du serment de fidélité qu'il a prêté.

XXXIV

Histoire de deux époux racontée par saint Augustin. Opinion remarquable de ce saint. Aventure racontée par le cardinal de Panorme.

Toutefois, saint Augustin, dont nous citions l'opinion tout à l'heure, assure qu'il y a quelques occasions qui sont capables de modifier la rigueur de ce principe, et il raconte, dans le livre Ier *De sermone Domini in monte*, l'histoire de deux époux qui ne furent coupables ni devant Dieu, ni devant les hommes, l'un pour avoir commis l'adultère, l'autre pour l'avoir autorisé.

Ceci se passait à Antioche, du temps de Constance, cinquante ans environ avant l'époque où saint Augustin écrivait.

« Acyndinus, alors préfet et qui fut lui-même consul, avait plusieurs fois fait demander à un citoyen une livre d'or de laquelle celui-ci était redevable envers le fisc. Ce citoyen ne s'étant pas mis assez promptement en devoir d'acquitter l'impôt, le préfet entra dans une grande colère, et l'ayant fait emprisonner, il jura que si, dans un certain délai qu'il désigna, il n'avait pas payé l'impôt, il le ferait mourir.

» Le jour fatal approchait sans que le malheureux débiteur eût trouvé le moyen de s'acquitter, et sa mort paraissait assurée, lorsqu'une circonstance imprévue vint lui offrir une ressource.

» Il avait une fort belle femme qui avait excité la convoitise d'un homme puissamment riche. Celui-ci, ayant appris la détresse où se trouvaient les deux époux, fit dire à la femme qu'il lui fournirait la livre d'or exigée par le préfet, pourvu qu'elle consentît à lui donner une nuit.

» Mais cette femme, qui n'avait pas moins de vertu que de beauté, courut faire part à son mari de cette étrange proposition, en ajoutant qu'elle était prête à faire le sacrifice de sa pudeur, pourvu que lui-même y consentît, comme étant souverain maître de sa femme et pouvant l'absoudre, dans une occasion aussi pressante, du serment de fidélité.

» Le mari accueillit avec transport la résignation de sa femme et lui *ordonna* d'accepter les offres de l'homme riche.

» En conséquence des ordres de son mari, la femme alla trouver le personnage en question et elle se livra à ses désirs. Mais il n'eut d'elle que le corps, l'esprit demeurait fidèle au mari dont la conservation dépendait de ce triste sacrifice. La femme reçut ensuite un sac contenant la livre d'or. Mais avant qu'elle ne sortît de la maison, l'infâme séducteur trouva le moyen de lui dérober ce sac et de lui en substituer un autre rempli de terre.

» La femme, de retour à la ville, s'étant aperçue

de la supercherie, s'élance sur la place publique qu'elle fait retentir de ses clameurs et de ses gémissements.

» Elle raconte au peuple assemblé les menaces du préfet, le danger pressant de son mari, son indigence absolue, les propositions de l'homme riche, la permission donnée par son mari de les accepter, et enfin l'indigne stratagème dont un libertin avare s'est servi pour tromper sa tendresse.

» Des cris d'indignation s'élèvent de toutes parts, soit contre le préfet, dont la sévérité a occasionné ce malheur, soit contre le lâche débauché qui en a abusé.

» Le préfet, devant qui la femme est conduite par la foule du peuple, au récit de cette affreuse aventure, avoue hautement qu'il en doit être regardé comme la première cause par l'excessive rigueur dont il a usé envers ces malheureux époux, et prononçant lui-même son propre jugement, il se condamne à payer de ses deniers la livre d'or au profit du fisc, et il adjuge à la femme la propriété du domaine où elle avait reçu le sac de terre au lieu du sac d'or. »

Nous sommes de l'avis de saint Augustin, et il n'y

a vraiment pas lieu à accusation d'adultère contre cette femme, mais le mari est-il bien excusable d'avoir acheté son propre salut en obligeant sa femme à se prostituer contre son désir et contre son cœur? Est-ce que la femme est une chose, pour qu'on dispose ainsi d'elle? Et le mari a-t-il jamais le droit, dans son intérêt personnel, d'ordonner l'adultère à sa femme?

Si nous blâmons l'homme dont parle saint Augustin, à plus forte raison blâmerons-nous celui qui est le héros d'une aventure racontée par le savant cardinal de Panorme.

Un homme épouse une jeune femme très-belle. Il tombe dangereusement malade et fait appeler le plus célèbre médecin de la ville. Le médecin était amoureux déjà ou devient amoureux subitement de la dame. Il déclare qu'il ne donnera ses soins au malade que si le malade consent à lui abandonner sa femme. La femme implore, supplie; le médecin est inflexible. Le mal cependant s'aggravait; la femme résistait toujours; le mari ne songe qu'à lui, au péril qui menace sa vie, et fait bon marché de celui qui menace son honneur. Il ordonne, il exige que la femme cède à la passion de l'inexorable docteur, et la femme, par obéissance à son mari, par tendresse pour lui peut-être, consent au sacrifice de sa fidélité.

On demande, dit le cardinal, si ce mari rappelé à la santé pourra accuser sa femme d'adultère. Il faut répondre que non, ajoute-t-il, *concluditur quod non*. Sans doute! mais ce n'est pas la femme, c'est le mari qui aurait dû être mis en cause et parfaitement condamné.

XXXV

Une parenthèse. Qu'est-ce qu'un amoureux?

Je demande la permission d'ouvrir ici une parenthèse. Ce livre n'est pas un sermon en trois points, c'est une causerie avec le lecteur, et pourvu que je ne perde pas de vue mon sujet, pourvu que j'arrive à la démonstration que je poursuis, au but que je me propose, peu importe que je me sois arrêté au bord de la route pour cueillir quelque fleur perdue dans le gazon.

Voici pourquoi j'ouvre ma parenthèse.

Je viens d'employer un mot tout à l'heure qui est fort usité et contre lequel je proteste de toutes les forces de mon âme. J'ai dit que cet infâme médecin était déjà ou était devenu subitement *amoureux* de la femme de cet affreux égoïste.

Jamais expression ne trahit plus complétement la pensée. Notre langue est ainsi faite, que nous employons à toutes choses ce mot, le plus grand qui existe dans toutes les langues humaines : *Aimer*. Nous disons : *J'aime* ma femme, ma mère, mes enfants! et un instant après nous disons : *J'aime* le filet de bœuf, *j'aime* les cornichons.

Les Anglais, que nous considérons comme nos inférieurs en matière de goût, de sentiment et de délicatesse, ont des mots différents pour exprimer des idées si différentes.

Est-il permis de confondre le désir grossier et brutal, le désir des sens, la concupiscence bestiale, avec le sentiment le plus sublime qui puisse élever l'âme humaine? Est-ce que ce médecin dont le cardinal de Panorme raconte l'infamie, est-ce que ce vieux monstre débauché dont parle saint Augustin étaient *amoureux* des femmes qu'ils convoitaient? Ces femmes éveillaient leur sensualité, c'est possible, comme parmi les animaux la femelle éveille la sensualité du mâle; mais de là à l'amour il y a un abîme.

Chez l'homme, comme chez la femme, lorsqu'ils sont bien organisés moralement, intellectuellement et physiquement, le souffle divin de l'amour embrase les sens, mais il les dompte aussi quand c'est nécessaire. La première conséquence, le véritable signe de l'amour, c'est la délicatesse. Est-ce que jamais un amoureux, véritablement amoureux, propose un marché infâme à celle qu'il aime? Est-ce qu'il lui fait des conditions? Est-ce qu'il voudra jamais obtenir d'elle autre chose que ce qu'elle est disposée à lui accorder librement?

XXXVI

Dans quel cas la femme peut être excusée. Vieilles discussions.

Parmi les faits que nous avons rappelés plus haut, nous avons vu très-souvent l'adultère de la femme provoqué par les mauvais traitements, par l'abandon du mari, qui, contrairement à l'engagement sacré qu'il a contracté, cesse de protéger sa compagne, de pourvoir à sa subsistance et à celle des enfants.

Les jurisconsultes se sont beaucoup occupés de la question de savoir si la femme accusée d'adultère pouvait, à titre d'exception légitime, invoquer la cruauté du mari qui l'a ainsi indirectement obligée à chercher un autre appui que celui qu'elle avait d'abord choisi en se mariant.

Ils se sont demandé aussi ce que devait faire la femme, et si elle était excusable dans le cas où son mari ne la traiterait pas, ne voudrait ou ne pourrait pas la traiter maritalement, c'est-à-dire—quel dommage que les femmes ne comprennent pas le latin, cette langue qui, dans les mots, brave si lestement l'honnêteté — *ob non præstitum conjugale debitum*.

Les jurisconsultes sont loin d'être d'accord. Ceux qui prétendent que la femme doit rester vertueuse, mourir de faim s'il le faut, en présence de l'indignité et de l'abandon du mari, s'appuient sur un ancien texte de la loi *Palam* : « On ne doit point pardonner à celle qui, sous prétexte de pauvreté, mène une vie honteuse. » L'auteur du *Traité de l'adultère* croit cependant qu'en pareil cas le mari ne peut point obtenir la confiscation de la dot de sa femme, ni la faire priver de son douaire et de ses avantages matrimoniaux. « En effet, dit-il, il est de la sagesse des juges de prendre en considération le misérable état où la femme se trouvait réduite et le danger auquel elle était exposée. »

Il y a même des auteurs qui pensent que la peine doit être entièrement remise, s'il est bien prouvé que le mari a refusé de pourvoir à la subsistance de sa femme. Ce qu'ils exigent seulement, c'est que la femme ait commencé des poursuites contre son mari, pour le contraindre à assurer sa subsistance.

Le mari qui donne son consentement à l'adultère de sa femme, s'il ne légitime pas, justifie du moins ses écarts. Il en est de même du mari qui maltraite ou prive du nécessaire celle qu'il a pour devoir de protéger et de nourrir.

En ce qui touche l'autre exception, celle pour laquelle il serait si utile de pouvoir parler latin, les avis sont partagés. Les jurisconsultes ultramontains, Pierre de Ravennes entre autres, prétendent que la situation fâcheuse du mari est une exception légitime qui met la femme à l'abri de l'accusation. Pierre de Ravennes dit que *si le cas était bien prouvé* et qu'il fût juge d'une pareille question, il ne balancerait pas à absoudre et qu'il s'appuierait sur un texte fameux ainsi conçu : « Si tu t'abstiens sans la volonté de ta femme, tu lui donnes la permission de pécher, et son péché est imputable à ton abstinence. »

« Si cette raison, dit Fournel, peut excuser la femme, je pense que c'est tout au plus au for intérieur; ce que je laisse aux théologiens à discuter. Quant au for extérieur, il est certain que cette exception n'est pas proposable, nonobstant l'avis de Pierre de Ravennes et de ses sectateurs. »

XXXVII

Exceptions absolues ; celles qui ruinent de fond en comble l'accusation portée contre la femme. Un jeune homme qui se trouve être une fille. L'eunuque Bagoas.

Puisque nous sommes sur ce chapitre des exceptions, c'est-à-dire des circonstances qui peuvent soit justifier, soit annuler l'accusation d'adultère, nous devons dire quelques mots des exceptions que les jurisconsultes appellent *absolues,* en ce sens qu'elles tendent à ruiner de fond en comble l'accusation.

Ce fut une de ces exceptions qui arrêta immédiatement les poursuites dirigées par un mari contre sa femme qu'il avait surprise avec un de ses serviteurs.

Ce serviteur s'était présenté dans la maison comme un jeune homme orphelin et avait excité les sympathies de son maître et de sa maîtresse. On le traitait comme un parent ou un ami bien plus que comme un domestique. Touché de cet accueil, l'enfant révéla un jour à sa maitresse qu'il n'était pas ce qu'il semblait être. Le jeune homme était une jeune fille qui, privée tout à coup de sa famille et jetée dans la plus profonde misère, avait en vain cherché des moyens d'existence et n'avait trouvé rien de mieux à faire, pour échapper aux dangers qui environnaient sa jeunesse, que de déguiser son sexe.

La dame s'apitoya sur le sort de cette enfant, la prit en grande affection et laissa ignorer la supercherie à son mari. Celui-ci les surprit un jour dans le même lit et porta plainte. La révélation du sexe d'un des accusés suffit à mettre fin à toute poursuite.

L'histoire nous a transmis un procès qui se termina aussi par un acquittement, parce que l'un des prévenus excipa d'une de ces exceptions absolues dont nous parlions, moins absolue pourtant que celle qui résulte de la similitude des sexes.

L'eunuque Bagoas ayant été surpris dans une situation scandaleuse avec la femme d'un citoyen, celui-ci le traduisit en justice et l'accusa d'adultère.

Les juges demandèrent à Bagoas ce qu'il avait à dire pour sa justification. Il n'y avait pas grand discours à faire; l'accusé se borna à répondre que la mutilation dont il avait été l'objet pendant son enfance était inconciliable avec le crime qu'on lui imputait. Il ne niait pas cependant avoir usé de privautés un peu vives avec la femme de l'accusateur, mais il opposait qu'une pareille conjonction se perdant en efforts superflus, le crime d'adultère n'était pas consommé; que c'était par cette raison que les êtres de son espèce étaient admis dans les harems pour la garde et le service des femmes.

Mais le mari ne se tenait pas pour battu, il voulait absolument être autre chose. Il soutenait que la qualité de l'accusé n'excluait pas l'accusation d'adultère; que, malgré l'inutilité de ses efforts et l'impossibilité où était l'accusé de donner lieu à la génération, il n'en était pas moins coupable d'avoir souillé le lit conjugal; que l'adultère ne supposait pas nécessairement la faculté de se reproduire, puisque les vieillards et les infirmes, les impuissants eux-mêmes n'étaient pas à l'abri d'une telle accusation.

L'avocat de Bagoas invoquait la loi *Julia* qui n'admettait pas l'accusation d'adultère contre un impubère, parce que, disait le législateur, un tel crime ne peut être commis qu'après la puberté (*quoniam tale crimen post pubertatem incipit*).

Ce système prévalut, et les juges renvoyèrent Bagoas absous de l'accusation.

XXXVIII

L'unité de règle est-elle possible en présence de la diversité des natures? Comment se font la plupart des mariages.

Je sais que je traite ici une matière délicate; mieux vaudrait marcher sur des récifs. J'espère cependant, — j'y fais du moins tous mes efforts, — que mon langage n'offensera pas même les oreilles les plus chastes. Mais il est aussi impossible de toucher à une plaie sociale sans soulever des dégoûts, qu'il est impossible au médecin de guérir un ulcère sans que ses mains touchent à des matières impures.

Je serai tout au moins préservé par la droiture et la bonté de mon intention.

Ainsi que je l'ai dit au début de ce livre, il s'agit ici de ce qu'il y a de meilleur et de plus sacré ici-bas, de la famille. Je vois l'écueil où elle se heurte, où elle vient se briser trop fréquemment; je le signale, et je tâche d'indiquer la route que l'on pourrait suivre pour l'éviter.

Sans doute il serait désirable que l'homme et la femme, une fois unis en mariage, le fussent indissolublement, et que leurs natures fussent d'accord avec la loi qui préside à leur union; que nulle sollicitation, nulle passion, nul entraînement, nulle incompatibilité d'humeur, ne vinssent les détourner du devoir qu'ils ont juré d'accomplir. Mais les faits sont là trop nombreux. Nous n'avons qu'à jeter un regard sur le milieu qui nous entoure, pour nous convaincre que l'unité de règle est impossible et devient fatalement une source de désordre là où il n'y a pas unité d'instincts, de goûts, de penchants, de besoins et de caractères.

A la rigueur, l'unité de règle pourrait être maintenue, si le mariage était la plus sérieuse préoccupation des familles, et si, avant d'unir deux êtres, on prenait toutes les précautions nécessaires pour s'assurer qu'ils sont en harmonie l'un avec l'autre, qu'ils se conviennent mutuellement, que leurs tendances sont identiques. Malheureusement, il n'en est point ainsi.

Dieu me garde d'ajouter foi à ce que dit Figaro ! de toutes les choses sérieuses, le mariage n'est pas la plus bouffonne, comme le prétend le malicieux barbier ; mais elle est la plus négligée. Le mariage est une *affaire* de convenance, de fortune, de dot, d'intérêt, quelquefois d'attrait réciproque, et cet attrait ne résiste pas toujours à l'épreuve de la cohabitation permanente.

Ce n'est pas d'aujourd'hui, c'est de tout temps que le mariage a été ainsi traité. Il faut vraiment que le principe de la famille soit d'essence divine pour avoir résisté à ce dissolvant. Les cinq sixièmes des adultères, constatés ou non, ont pour cause le défaut de sympathie morale entre les deux époux. L'ennui a fait plus d'adultères que la passion. Au lieu de laisser poindre et s'aggraver un mal qui touche à la racine même des sociétés, pourquoi ne pas le prévenir? Pourquoi laisser le scandale se produire quand on peut l'empêcher d'éclater? Il n'est pas facile de refaire la nature humaine; on aura plus tôt fait de remanier ou de modifier les lois qui régissent l'acte le plus important de la vie sociale.

Je ne vois jamais passer devant moi la voiture qui conduit à la mairie ou au temple une jeune fille couronnée de fleurs d'oranger, entourée de ses parents et de ses amis, sans me reporter à plusieurs années en avant et à prévoir la destinée promise à ce couple qui va s'unir, et bien que je ne sois pas pessimiste, tant s'en faut! mes prévisions sont rarement couleur de rose. Pourquoi? parce que je sais que neuf mariages sur dix sont le résultat de convenances ou de combinaisons d'intérêts, d'un attrait momentané, peut-être, et non d'un véritable amour, d'une sympathie profonde.

La jeune fille aspire au mariage, qui signifie pour elle émancipation, liberté, ou plutôt affranchissement des tutelles de la famille; parce que le mariage lui promet l'accès de certaines toilettes, de certains luxes, de certaines lectures, de certains spectacles, que sais-je? Ce sont ces considérations futiles qui déterminent le plus grand nombre des unions conjugales! et vous ne voulez pas que je tremble en voyant passer la jeune mariée couronnée de fleurs d'oranger!

Je ne m'inquiète pas de savoir ce que chacun des deux époux apporte à l'autre, ni quelle est la position de celui-ci, ni la dot de celle-là, mais ce que je sais bien, c'est que rien, dans leur éducation, ne les a préparés à l'acte qu'ils vont accomplir, à la vie nouvelle dans laquelle ils vont entrer tout à coup.

J'admets que la jeune fille ait reçu les meilleurs principes de religion et de piété, qu'elle n'ait eu que de bons exemples sous les yeux, qu'elle n'ait pas trop négligé l'église pour le bal et pour les réunions du monde.

J'admets que l'homme, jeune ou non, ait vécu au foyer domestique plus qu'au cercle, qu'il n'ait pas eu de fréquentations dangereuses, qu'il n'ait pas entretenu de filles, gaspillé de l'argent en orgies, en chevaux, en débauches de toutes sortes.

Qu'ont-ils appris l'un et l'autre des devoirs qui vont leur incomber tout à coup? Savent-ils ce que c'est qu'un amour ardent et pur? La femme connaît-elle les périls que vont recéler pour elle la galanterie et les flatteries des hommes? L'homme a-t-il appris la science difficile de maîtriser ses sens? Quelle révolution va faire sur eux ce premier contact de leurs cœurs et de leurs corps? L'homme a-t-il été familiarisé de bonne heure avec le tact et la finesse de manières qui sont indispensables à l'union des sexes?

Hélas! non! Et vous ne voulez pas que je tremble en voyant passer la jeune mariée couronnée de fleurs d'oranger? Et vous ne voulez pas que l'adultère éclose, comme en serre chaude, dans des ménages ainsi assortis!

XXXIX

Un mari de cinquante ans et une femme de dix-sept ans.

J'interromps les réflexions inépuisables qu'inspire un pareil sujet, pour rentrer dans la série des faits authentiques portés devant les tribunaux; ces faits ont une éloquence supérieure à celle de la plus éloquente argumentation. Ce sont des daguerréotypes; ils reproduisent la société telle qu'elle est avec toute sa laideur.

M. E..., médecin, se présenta, en 1831, devant la deuxième chambre du tribunal civil de Paris. Il était âgé de plus de cinquante ans lorsqu'il épousa une jeune personne de dix-sept ans à peine, Mlle Isabelle X.... Voyez-vous cette enfant arrivant à la vie avec toute la fraîcheur de ses illusions et confinée tout à coup en province avec cet homme trois fois plus âgé qu'elle?

Isabelle mourait d'ennui. Son mari était médecin; pourquoi ne se créerait-elle pas une position indépendante en se faisant sage-femme? Elle communiqua ce projet à son mari qui l'approuva. Mais pour faire les études nécessaires, il fallait qu'Isabelle vînt se fixer à Paris et pût suivre les cours de la Maternité.

Le mari, qui avait peut-être la prétention d'être aimé pour lui-même et qui croyait sans doute qu'il suffirait de son souvenir pour protéger la jeune femme, le mari ne s'effraya pas de cette perspective.

Voilà Isabelle seule à Paris. Vous devinez ce qui arriva, et comme ce ne sont pas des romans ou des histoires de fantaisie que je crée, comme je n'emprute qu'à la *Gazette des Tribunaux* les faits dont je prends la substance, je n'ai pas besoin de vous faire assister aux péripéties de ces drames domestiques. Isabelle succomba à une des mille tentations que le pays latin faisait éclore sous ses pas.

Le mari est informé et rappelle sa femme au domicile conjugal qui, pour le coup, devient insupportable. Le médecin était non-seulemnnt vieux et quinteux, mais jaloux avec quelque raison, et brutal parfois. Isabelle pleure, se plaint, se désole. Un jour, elle prend la clef des champs et adresse au tribunal une demande en séparation de corps. Elle est admise à faire la preuve des faits articulés par elle ; cette décision met le mari à bout de patience; il porte plainte en adultère contre sa femme; mais arrivé devant les juges, il voit Isabelle si jolie, qu'il se désiste, et Isabelle doit réintégrer le domicile conjugal.

Vous figurez-vous ce qui a dû advenir dans cet enfer, entre ces époux si mal assortis? N'eût-il pas été plus moral de désunir ce qui avait été si imprudemment uni?

XL

Les piéges qui entourent les femmes. La déloyauté d'un séducteur.

On parle beaucoup de la légèreté des femmes, de la facilité déplorable avec laquelle elles risquent parfois, comme des enfants cruels, le bonheur domestique, le repos et l'honneur du mari, l'avenir des enfants. Je n'ai pas plus d'indulgence qu'il n'en faut pour ces légèretés, mais j'admire au contraire qu'il y ait tant de femmes fidèles à leur devoir, — beaucoup plus assurément qu'il n'y a d'hommes fidèles au leur ! — quand je songe aux sollicitations pressantes, aux séductions dont toute femme est entourée.

Les hommes, en général, n'ont pas de plus constante préoccupation que celle d'obtenir les faveurs d'une femme mariée. C'est là ce qu'ils considèrent presque tous comme le beau idéal de leurs bonnes fortunes. Et combien de mères, fort honnêtes, d'ailleurs, en voyant leur fils arriver à la puberté, et redoutant pour cette jeune plante l'orage des passions et les souillures de la vie de jeune homme, ne désirent-elles pas que ce fils, objet de leurs sollicitudes, rencontre pour amie une femme mariée qui aurait pour lui toutes les complaisances imaginables !

Cette infirmité des hommes, qui consiste à croire que toute femme mariée peut être le but de leurs convoitises, me remet en mémoire un fait étrange qui se passa à Londres en 1831.

Sir R... était en rapport avec un graveur célèbre, M. L... ; celui-ci était le mari d'une femme jeune et très-jolie qu'il aimait et dont il était aimé. Le graveur ne manqua pas à la loi commune. Il introduisit sir R... chez lui, le présenta à sa femme, et sir R... devint bientôt un visiteur assidu. Convoiter la femme du graveur, c'était la moindre des choses ; sir R... ne s'en tint pas là, et déclara un jour sa passion.

La dame résista avec fermeté; elle évita le plus qu'elle put la présence de sir R..., et en femme de sens, ne voulant pas troubler le repos de son mari, elle lui cacha ce qui s'était passé.

Sir R... renouvela encore ses attaques, et toujours infructueusement. Sur ces entrefaites, la jeune femme devint enceinte. Vous croyez peut-être que l'amoureux battit en retraite et respecta alors le lien qu'il avait essayé de rompre. Erreur! Il alla partout dire qu'il était le père de l'enfant que portait la femme du graveur, et, lorsque cet enfant vint au monde, ne voulant pas avoir le démenti de son abominable forfanterie, il intenta une action devant les tribunaux en revendication de l'enfant qui venait de naître, s'avouant ainsi coupable d'un double adultère, car sir R... était marié.

Ce fut le plus étrange et le plus scandaleux des procès. Heureusement Mme L... avait conservé quelques-unes des lettres que sir R... lui avait écrites postérieurement à sa grossesse, et ces lettres établissaient et prouvaient la résistance et la vertu de Mme L... Cet homme s'était donc inutilement accusé pour obtenir, après l'avoir déshonorée, la femme qu'il prétendait aimer.

Traduit devant la cour du banc du Roi pour diffamation, R... fut condamné à 500 livres sterling (12,500 francs) de dommages-intérêts.

Et l'on s'étonne que parfois la femme succombe quand elle est entourée de tels agresseurs!

XLI

La preuve physique et la démonstration de l'adultère sont-elles possibles ? Opinions des auteurs.

Les criminalistes et les jurisconsultes ont longuement disserté, — en latin, bien entendu, car notre langue pudique ne se prête pas aisément à ce genre de discussion, — la question de savoir s'il est possible d'arriver à la preuve physique et à la démonstration de l'adultère.

« Les docteurs les plus subtils et les plus déliés, dit l'auteur du *Traité de l'adultère*, après avoir épuisé leur imagination à supposer des hypothèses et des situations favorables, ont fini par avouer qu'ils n'avaient trouvé pour résultat que des présomptions. »

L'adultère, en effet, suppose la consommation d'un

acte qui, par sa nature, est inaccessible aux regards. Supposez les deux coupables dans la situation qui paraisse la plus favorable à l'accusation, cette situation, disent les docteurs, toute décisive qu'elle soit au premier coup d'œil, ne constitue pas encore la démonstration de l'adultère, parce qu'il est possible que les tentatives des deux coupables ou de l'un d'eux soient inutiles, et que, par une cause quelconque, leur intention ne soit pas suivie d'effet.

Si donc les tribunaux ne devaient baser leur jugement que sur une preuve concluante, plus concluante que celle désignée sous le nom de *flagrant délit*, ils ne condamneraient jamais.

Aussi est-ce un principe admis par la jurisprudence que, pour valider l'accusation d'adultère, il suffit qu'il y ait eu de part et d'autre l'intention de commettre le délit, sans considération pour le succès de la tentative.

Les docteurs se sont alors attachés à déterminer quels sont les actes de familiarité qui sont de nature à manifester cette intention. Il m'est impossible de les suivre dans cette argumentation où les points sont mis avec trop de sans façon sur les I. Je veux seulement donner un exemple de l'extrême susceptibilité des docteurs en ces matières délicates. Ils se demandent s'il y aurait lieu à accusation d'adultère dans le cas où un ecclésiastique serait surpris embrassant une femme mariée, en tête-à-tête, dans un lieu clos.

Plusieurs décident que ce ne serait une présomption contre aucun des deux, parce que, disent-ils, « il faut prendre ce geste pour une bénédiction ou un embrassement religieux (*quia præsumitur benedicendi vel cohortandi causà facere*); à quoi l'un d'eux, nommé Angelus, réplique : *A tali benedictione libera nos, Domine!* « D'une telle bénédiction délivrez-nous, Seigneur ! »

Ils admettent cependant l'évasion nocturne de la maison du mari comme une présomption d'adultère; mais si cette évasion a été provoquée par les violences du mari ou par quelque raison plausible, la présomption cesse.

XLII

La présomption d'adultère admise contre la femme et non admise contre l'amant.

Il arrive cependant que les tribunaux admettent la présomption d'adultère contre la femme et ne l'admettent pas contre son complice, ce dont, nous l'avouons humblement, nous avons quelque peine à nous rendre compte.

Nous prenons un fait au hasard.

Bien qu'elle parût encore fort jeune et qu'elle fût très-belle, Mme V... comptait déjà vingt ans de mariage. Elle était mariée à un drôle qui avait dissipé sa fortune d'abord, puis la dot de sa femme, avait battu celle-ci et enfin l'avait renvoyée avec ses trois enfants, bien qu'il n'eût eu jusque-là aucun sujet de plainte contre elle.

Mme V... entre en qualité de femme de charge chez un industriel, M. L... Le mari fait arrêter la femme, et le commissaire, qui dresse un état des lieux, constate une grave présomption de l'adultère.

La femme et son complice sont condamnés en première instance à trois mois d'emprisonnement. Ils interjettent appel, et la cour royale maintient la condamnation de la femme et renvoie son complice, M. L...

Les motifs de cet arrêt valent la peine d'être cités :

« En ce qui touche la femme V...

» Considérant que sa cohabitation instante pendant plusieurs mois avec L..., l'état des lieux par eux occupés, le nom pris par elle de femme L..., établissent qu'elle s'est rendue coupable du délit d'adultère... confirme.

» En ce qui touche L...

» Considérant qu'il n'est produit aucune pièce émanée dudit L... pour prouver le fait qui lui est reproché ; que le procès-verbal du commissaire de police ne constate pas qu'il ait été trouvé en flagrant délit, etc., renvoie. »

Ainsi, voilà deux individus accusés d'un délit qu'ils ne peuvent avoir commis séparément ; ou ils sont coupables tous deux, ou ils sont innocents tous deux, et cependant l'un est condamné, l'autre est absous. On voit par là quelle large place est laissée à l'appréciation du juge en matière d'adultère, et combien les docteurs ont eu raison d'argumenter sur la preuve, puisqu'un même fait peut prouver contre la femme et non contre l'homme. Il est probable que certaines circonstances de la cause qui nous sont inconnues, certaines considérations tirées de la moralité relative des personnes, auront motivé ce jugement dont nous ne contestons pas l'équité, dont nous constatons seulement l'étrangeté.

XLIII

Dissolution de mariage prononcée en Angleterre par la chambre des lords constituée en cour de justice.

En 1831, à Londres, la chambre des lords prononça une dissolution de mariage dans des circonstances qui méritent d'être rapportées.

Mistress T..., mariée seulement depuis quelques mois, s'aperçut de la vive affection de son mari pour sa propre sœur à elle, jeune miss qui vivait auprès des époux T... Mistress T... ne vit là rien de grave. Un jour cependant elle apprit que son mari, M. T..., s'était embarqué, sans plus de façon, pour les Indes orientales avec sa belle-sœur qui avait pris passage sur le même vaisseau.

Lorsque le volage époux fut de retour à Londres, mistress T... invoqua la protection des lois et demanda la dissolution de son mariage.

A la seconde lecture du bill, le lord chancelier annonça que la chambre allait se former en cour judiciaire. Il émit l'opinion que les faits étaient d'une telle nature que le divorce ne pouvait être refusé. La dissolution du mariage fut prononcée, puis validée par la chambre des communes et par la sanction royale.

XLIV

Admission des preuves de l'adultère. Acquittement de la femme et de son complice, malgré le témoignage du mari.

Les tribunaux se montrent quelquefois aussi difficiles que les docteurs dont nous parlions plus haut, sur l'admission des preuves de l'adultère.

Un colporteur, que son état obligeait à de fréquentes absences, avait eu la malheureuse idée d'épouserune très-belle fille, Joséphine V... Joséphine avait à peine dix-neuf ans, de grands yeux bleus, de magnifiques cheveux blonds et une coquetterie effrénée. Le colporteur était très-jaloux, et quand il était jaloux, il ne voyait rien de mieux à faire que de battre sa femme. Un jour, le mari acquiert, ou croit acquérir la certitude qu'un beau garçon, peintre de son état, a su toucher le cœur de Joséphine.

Devant le tribunal, la portière de la maison habitée par le peintre dépose qu'elle a dix fois vu la femme du colporteur venir chez son amant; que, pendant les voyages du mari, elle a passé sept à huit nuits dans la chambre du peintre, où, dit-elle, il n'y avait qu'un lit.

Contrairement aux réquisitions du ministère public, le tribunal correctionnel de Paris (30 avril 1852) renvoie la femme et le complice des fins de la plainte, et le colporteur s'éloigne en s'écriant : « Ils ont beau dire, morbleu ! je suis bien sûr, moi, que je le suis ! »

XLV

Un mari qui donne sa femme pour tâcher d'avoir la croix. Considérants d'un arrêt empreints de la plus haute moralité. Un mari battu. Un mari qui cède ses droits à l'amant.

Nous devons dire quelques mots d'une affaire qui eut un retentissement considérable, — bien qu'il y ait de cela un quart de siècle, nous restons fidèles à la règle qu nous nous sommes imposée de ne citer aucun nom propre, — d'une affaire, disons-nous, qui mit en jeu des personnes haut placées par leur rang social autant que par leur fortune, qui épuisa les divers degrés de juridiction et se termina par un arrêt de condamnation longuement motivé.

Mlle B... avait seize ans lorsqu'elle épousa M. P..., qui ne fut pas précisément la fleur des pois conjugaux. Il était jaloux et grossier. Quand il était de mauvaise humeur, et cela lui arrivait souvent, il reprochait à sa femme d'avoir été la maîtresse de tel, tel et tel ; suivaient des énumérations effrayantes. Un jour cet homme eut la fantaisie d'obtenir la croix d'honneur. A quel titre ? Il l'ignorait sans doute lui-même ; mais il jeta les yeux sur une de ses connaissances, M. le baron D..., dont l'influence pourrait peut-être lui faire obtenir ce qu'il désirait. Il ordonna à sa femme de plaire au baron, d'être coquette avec lui.

Il paraît que la jeune femme n'obéit que trop. Elle s'entendit parfaitement avec le baron protecteur, et le mari obtint au delà de ses désirs. Lui, de son côté, n'était pas irréprochable. Il entretenait des relations coupables dans le domicile conjugal, avec une fille à son service.

Un amour de ménage, comme on voit! Pendant ce temps, que devenaient les enfants?

Le baron était riche. Le mari voulut obtenir de lui une somme considérable. Il fit guetter la femme et l'amant, surprit des lettres inintelligibles, parce qu'elles étaient écrites à l'aide d'un dictionnaire spécial qui fut produit au procès. Chaque nom de fleur ou d'arbre avait un sens particulier.

Allez donc comprendre, si vous n'en avez pas la clef, des phrases dans le genre de celle-ci : « L'impatience du chêne gâtera tout... il partira pour le berceau du réséda, abandonnant la luzerne à sa destinée. Si le réséda a annoncé quelques projets de rester à son berceau, qu'il les détruise en ayant l'air de chercher un polygala, etc., etc. »

Comment deviner que *chêne* signifie à la fois hospitalité et amant; que le *réséda* signifie perfection et amante; que *polygala* signifie appartement; *luzerne*, existence; *berceau*, pays natal; *menthe*, vertu; *ciguë*, trahison; *iris*, mélange; *cèdre*, force, etc., etc.?

Il fallait d'autres preuves. Les deux coupables vinrent un jour à Paris, descendirent dans le même hôtel, occupèrent le même *polygala*, et le commissaire de police vint le lendemain matin troubler cette lune de miel illégitime.

Deux jugements, l'un par défaut, l'autre contradictoire, condamnèrent la femme et son complice en deux ans de prison; le baron, en outre, en 2,000 francs d'amende et 140,000 francs de dommages et intérêts. La femme, on le voit, était estimée à un beau denier.

En cour royale, tous les princes du barreau prirent la parole pour ou contre les défendeurs et le plaignant.

L'arrêt réduisit la peine de la femme de deux ans à dix-huit mois, mais il maintint contre le baron les deux ans de prison, les 2,000 francs d'amende, les 140,000 francs de dommages-intérêts et les dépens.

Cet arrêt portait que « le mari n'ayant pas été convaincu, sur la plainte de sa femme, d'avoir entretenu une concubine dans le domicile conjugal, aucune fin de non-recevoir ne pouvait être admise contre son action;

» Que l'écriture des lettres saisies présentait la similitude la plus grande avec celle du baron; que l'une d'elles renfermait la preuve de son origine;

que leur style symbolique annonçait l'intention formelle de ne se faire comprendre que d'une personne initiée; que ces lettres établissaient jusqu'à l'évidence que l'homme qui les avait écrites et la personne à laquelle elles étaient adressées avaient les relations les plus intimes;

» Que le flagrant délit n'est pas seulement celui où deux individus de l'un et de l'autre sexe ont été trouvés *in rebus venereis* (c'est l'arrêt qui parle, et ce n'est pas ma faute s'il parle latin), mais encore lorsque ces individus ont été vus dans une position telle, qu'il est impossible de ne pas avoir acquis la conviction que le délit a été commis ou vient de se commettre;

» Quant à l'application de la peine, que si la dame P... a été coupable, la conduite de D... est plus criminelle, puisqu'il devait, par son âge, par la fortune dont il jouit, par l'éducation, par sa position, rappeler une femme jeune et légère aux vertus domestiques, tandis qu'il l'a entraînée en l'environnant de séductions. »

Nous avons cru devoir citer ces considérants, parce qu'ils sont instructifs à beaucoup d'égards et empreints d'une haute moralité. Il est bien évident que l'amant, en cette circonstance, était plus coupable que la femme ; mais devant un autre tribunal, devant la conscience, il est bien évident aussi que le mari était encore plus coupable que l'amant, ce mari qui, pour satisfaire une puérile vanité, a jeté sa jeune femme, à laquelle il donnait déjà l'exemple d'une vie dissolue, dans les bras de cet homme, en lui ordonnant de plaire et d'être coquette !

Certes, ce n'est pas là une de ces affaires qui justifient le mot de Chamfort : « L'adultère est une faillite où celui à qui l'on fait banqueroute est déshonoré. » Ce mari, qui fait taxer à 140,000 francs son déshonneur, excite une profonde répulsion. Quelle est la femme qui ne serait, sinon justifiée, du moins excusée, lorsqu'elle est unie à un homme qui l'initie au désordre et exploite ensuite ses faiblesses ?

J'aime mieux ce vieux bonhomme qui se présente un jour devant la sixième chambre du tribunal de la Seine et qui obtient la condamnation de sa femme et celle de son complice sur cet acte d'accusation bref et décisif :

« Ma femme m'a quitté pour aller vivre avec le

grand roux que voilà. C'est la vérité du bon Dieu! et s'il n'y avait que cela! Mais le grand roux ne manque jamais de m'*agoniser;* l'autre jour même, il m'a donné l'allée et la venue sur les deux joues. »

Et celui-ci encore (même chambre, 27 avril 1832), qui écrivait à l'amant de sa femme :

« Mon cher ami, je sais que ma femme est avec toi, c'est bon! Elle a besoin au pays pour la mort de sa belle-mère, dis-lui de ma part qu'elle y aille. Si tu ne sais pas où elle est, va dire à la police qu'on se mette à ses trousses. »

C'est-à-dire que le mari substituait l'amant à tous ses droits, non-seulement vis-à-vis de sa femme, mais vis-à-vis de la justice et de la société.

Que voulez-vous que deviennent les femmes, quand ceux qui leur doivent protection se conduisent ainsi?

XLVI

Un tribunal anglais faisant bonne justice d'un mari. Le jury des charbonniers à Londres.

La cour des *Commons-Pleads* à Londres fit bonne justice d'un mari dont la conduite n'était pas sans analogie avec celle du mari dont nous parlions plus haut, celui qui demanda et obtint 140,000 francs de dommages-intérêts pour prix de son déshonneur.

Un négociant anglais épouse une charmante jeune fille appartenant à une famille honorable, miss Emma N.... Il pervertit à plaisir son esprit, son cœur et ses sens.

Une crise commerciale survient, le négociant est ruiné; il envoie sa femme au dehors, la pousse, l'autorise à chercher des gains honteux et à vendre sa beauté à qui voudra l'acheter. Le mari se promettait de profiter du hasard qui lui amènerait une riche proie pour intenter un procès scandaleux. Le voilà à l'affût, le misérable!

Un jour en effet, il surprend sa femme, dans une de ces maisons ouvertes aux amours de passage, avec un jeune homme, riche héritier d'une grande famille.

On se boxe d'abord, suivant l'usage traditionnel chez nos voisins, puis le mari intente un procès à sa femme et à son complice.

La cour, faisant bonne justice, condamna le mari seul à 2,500 francs d'amende et se borna à réprimander les deux prévenus.

Je veux rapprocher de ce fait un autre trait de mœurs anglaises, — et pour qu'on ne croie pas que j'ai trop mauvaise opinion de nos voisins, je déclare hautement que je considère comme une exception monstrueuse la corruption et l'infamie du mari qui fut condamné par la cour des *Commons-Pleads*.

En vertu de vieilles traditions, la corporation des charbonniers de Londres a, de temps immémorial, institué dans son sein un jury choisi par les membres de la corporation. Ce jury, désigné sous le nom de *jury des charbonniers*, est spécialement chargé de juger et de condamner le membre de la communauté accusé d'avoir porté atteinte à l'honneur conjugal d'un confrère.

John B... était le mari d'une assez jolie charbonnière; celle-ci ne demandait pas mieux que d'aimer son mari; mais comment aimer longtemps, si charbonnière que l'on soit! un mari qui s'enivre tous les soirs, rentre fort tard en état d'ivresse, et parfois même ne rentre pas du tout. Notez que quand il rentrait, John B..., qui n'avait pas le vin tendre, aimait assez à battre sa femme.

La charbonnière n'avait pas vu d'un air indifférent Tom B..., qui était l'Antinoüs de la charbonnerie. Tom B... avait été surnommé par ses confrères le *Diamant noir*. Comment résister à de telles séductions? Une nuit John arrive plus ivre que d'habitude, heurtant les murs. Au moment où il va se coucher auprès de sa femme, il aperçoit le beau Tom, noir comme Toussaint Louverture et dormant tranquillement auprès de sa femme.

Je vous laisse à deviner le tumulte; la femme prit la fuite; Tom, qui ne pouvait, en bonne conscience, assommer le mari, se refusa à la boxe et partit aussi.

Voilà l'ivrogne seul, pestant et maudissant sa femme.

Le lendemain, quand le vin fut cuvé, John B... porta sa plainte devant le *jury des charbonniers*, qui évoqua l'affaire.

Le *Diamant noir* s'excusa de son mieux. C'était sans mauvaise intention, par mégarde, qu'il était entré dans la chambre de son voisin; il croyait entrer dans la sienne, car ce soir-là il était étourdi par le gin, par le porter, que sais-je?

Le jury appliqua sinon la loi, au moins la coutume traditionnelle. La femme fut acquittée, son mari lui pardonna. Tom B... fut placé sur un brancard, on lui mit sur le front, comme peine du talion, une paire de cornes de bélier, et, dans cet accoutrement, il fut promené de rue en rue, exposé aux regards de toutes les personnes auxquelles il fournissait du charbon.

Voilà, je l'espère, un mari bien vengé et une brèche à l'honneur conjugal admirablement réparée!

XLVII

L'amant mangé par le mari.

Puisque j'en suis aux traits de mœurs étrangères, en voici un moins anodin que celui de la promenade du coupable sur un brancard avec des cornes de bélier sur la tête.

Sir Stamford Rafles, résident anglais à Tapanouly, ville de Sumatra, pays des Battas, écrivait à la duchesse de Sommerset, il y a quelque vingt ans à peine, l'horrible histoire dont voici le résumé.

Un pauvre diable fut accusé d'adultère, le peuple assemblé le jugea. — Il n'est pas question de la femme. — Selon la loi, il fut condamné à être mangé vivant. Le mari outragé choisit, en vertu de son droit, le premier morceau, l'oreille droite, qu'il trempa dans une préparation culinaire composée de jus de citron, de poivre et de sel. Puis chacun des assistants, et, en première ligne, les parents de la femme, se partagèrent les lambeaux saignants du coupable. Les hommes seuls assistent à ces exécutions transformées en festins, car la chair humaine est défendue aux femmes; c'est trop bon, c'est un mets trop relevé pour elles. On dit cependant, ajoute sir Stamford, que lorsqu'elles peuvent se procurer par ruse un morceau de cette chair exquise, elles le mangent avec un grand plaisir.

Dans ce pays du moins, le métier d'homme à bonnes fortunes n'est pas sans quelques périls!

XLVIII

La femme n'est un ange qu'au moment où nous faisons tous nos efforts pour qu'elle cesse de l'être. — Quand on ne veut pas récolter l'adultère, il ne faut pas le semer.

Je ne me dissimule et je n'ai nulle envie de dissimuler les torts que les femmes peuvent avoir dans la vie conjugale et la part considérable qu'elles prennent à cette immense protestation qui, du sein de tant de familles, s'élève contre le caractère trop absolu et trop excessif qui régit l'union des sexes. Je tiens cependant à prouver par un ensemble de faits nombreux et concluants, — et ce qui précède prouve déjà assez, ce me semble, — que l'homme est presque toujours la cause première des désordres qu'il reproche ensuite si sévèrement à la femme.

Je sais bien que la femme a tort, qu'elle devrait résister à toutes les tentations qui l'entourent. Malheureusement la femme n'est un ange qu'au moment où nous désirons qu'elle cesse de l'être; hors de là, elle est femme, c'est-à-dire soumise, comme l'homme, à toutes les faiblesses, à toutes les passions, à tous les entraînements du cœur, de l'imagination et des sens. Je retournerais volontiers le mot de Beaumarchais : « Aux qualités que vous exigez de vos épouses, connaissez-vous beaucoup de maris qui seraient capables d'être femme ? »

Je sais bien aussi quelle est la valeur de l'argument que l'on oppose aux femmes lorsque, avec tant de raison, elles se plaignent des inégalités et des rigueurs que les lois leur ont faites, des difficultés de leur situation sociale.

La faute de l'homme, dit-on, n'entraîne à aucune conséquence fâcheuse; celle de la femme, au contraire, peut avoir pour résultat de troubler profondément la famille, en y introduisant un enfant qui n'appartient pas au mari. Voilà pourquoi l'adultère de la femme a, toujours et partout, été plus sévèrement réprimé que celui de l'homme.

Je ne veux pas contester cette proposition; je l'admets, au contraire, dans toute sa force; mais au lieu de m'en servir comme d'un moyen de répression, je voudrais en faire un élément de prévention. Plus l'inconvénient, plus le danger est grave, plus il est nécessaire d'en prévenir l'explosion. Quand la femme coupable et son complice sont condamnés à la prison, le désordre n'en existe pas moins, il s'est même aggravé de tout le poids et de tout l'éclat du scandale; le produit de l'adultère n'en a pas moins altéré le principe de la famille. La faculté de dissoudre le lien conjugal, non pas légèrement, non pas sur un premier mouvement d'humeur des conjoints, mais après une sérieuse constatation de leurs incompatibilités, après que les parents auraient donné leur assentiment à la demande des époux, cette faculté, disons-nous, préviendrait sinon tous, au moins une grande partie des désordres. Elle exclurait des liaisons conjugales la ruse et le mensonge, elle deviendrait en quelque sorte la gardienne de la dignité et de la pudeur des époux.

N'est-ce pas une contradiction étrange, que nous constations avec tant de fracas les désastreux effets que peut entraîner l'adultère de la femme, et que nous la rivions pour la vie à un lien indissoluble ? Si encore le mariage n'était pas presque toujours une affaire ! Si avant d'unir pour la vie l'homme et la femme, on ne s'enquérait pas seulement de la position de celui-là, de la dot de celle-ci ! Si on prenait souci de la conformité de leurs âges, de leurs goûts, de leurs caractères, de leurs humeurs ! Mais, non ! Et l'on veut que des unions si légèrement faites, en vue des plus banales convenances et des plus sordides intérêts, ne produisent pas de déplorables résultats ! Nous semons l'adultère et nous nous étonnons de le récolter !

XLIX

Chacun de nous, homme ou femme, a deux existences très-distinctes. Nécessité de traiter le mariage plus sérieusement que nous ne le traitons.

La possibilité de dissoudre le mariage, après les plus sévères enquêtes, ne préviendrait certainement pas tous les désordres; mais il suffirait qu'elle en prévînt un grand nombre pour justifier le législateur qui reprendrait l'œuvre de Napoléon Ier afin de la compléter.

La nature humaine est si multiple, si hérissée d'hiéroglyphes, que ce serait folie d'exiger que la loi réglementaire de l'union des sexes prévînt toutes les aberrations, satisfît à toutes les exigences, fût parfaite en un mot. Dieu seul est parfait! Quoi qu'on fasse, quelle que soit la sagesse de la loi, si large que soit la part du feu, l'humanité sera toujours l'humanité, avec sa faiblesse et ses égarements.

Il faut en prendre son parti. Je le disais tout à

l'heure à propos de la *Fanny* de M. Ernest Feydeau, combien d'hommes trompent leur femme et qui ne pourraient consentir à vivre loin d'elle, qui ne voudraient pas vivre avec une autre qu'avec elle! Combien de femmes sont dans le même cas, et qui, si elles étaient placées dans une circonstance périlleuse, entre le mari et l'amant, opteraient pour le mari, non par respect humain, mais par un véritable élan spontané de leur cœur!

Chacun de nous, homme ou femme, a plus ou moins deux existences bien distinctes.

L'une, régulière, ordonnée, paisible, terre à terre, qui satisfait aux besoins les plus calmes, les plus légitimes de notre nature; c'est le soin de nos affaires, la prévision de notre avenir, l'amour des enfants, les joies du foyer, ce sont les douces et tendres affections de la famille.

La seconde existence s'écoule dans les régions exaltées ou dépravées de l'imagination, dans le rêve des choses romanesques ou poétiques, dans les entraînements réels ou factices du cœur ou de la tête, dans la satisfaction de nos faiblesses les plus chères.

Suivant que l'être auquel nous sommes unis satisfait à ces besoins normaux et anormaux; suivant qu'il a la puissance de développer les uns, de réprimer doucement et affectueusement les autres, nous sommes heureux ou malheureux, moraux ou immoraux, bons ou méchants.

Chaque fois que vous voyez un homme marié fuir son foyer, passer son temps au cercle ou au club, gaspiller une portion de sa vie en orgies ou en désordres secrets, soyez sûr que sa femme n'a pas su le charmer suffisamment. Ce n'est pas la faute de la femme, mais celle du milieu social qui a uni deux êtres qui n'étaient pas faits pour se compléter, se satisfaire et se moraliser l'un l'autre.

A plus forte raison cette observation est-elle vraie pour les femmes, qui, au prix des plus grands périls, enfreignent leur devoir. Tout mari est un peu cousin de ces rois absolus, auxquels une fiction politique persuade qu'ils ne peuvent mal faire. Tous les vices et tous les préjugés de notre éducation nous portent à croire que la femme est un être inférieur; que nos devoirs n'ont rien de commun avec ses devoirs; que là où nous sommes libres, elle est rigoureusement tenue; que l'adultère est à peine pour nous un péché véniel, tandis qu'il constitue chez la femme un crime irrémissible. Tel mari qui, dans un mouvement de colère, toujours blâmable, quoi qu'on dise, tirera un coup de pistolet sur sa femme surprise en flagrant délit d'adultère, aura peut-être la veille violé sans scrupule la foi conjugale, et ne songera même pas à en faire son *meà culpà*.

Nous exigeons du sexe, — que je ne sais pourquoi nous appelons dédaigneusement le sexe faible, — beaucoup plus que nous n'exigeons de nous-mêmes. Est-ce juste? Nous sommes généralement assez laids, assez maussades pour qu'il n'y ait pas de témérité à affirmer que nous sommes peu sollicités par les femmes. Elles sont au contraire sans cesse recherchées, sans cesse tentées; nous multiplions les écueils sous leurs pas, nous exaltons leurs mauvais penchants par des flatteries qui, depuis Adam, sont éternellement les mêmes, et nous crions au meurtre, à l'infamie, quand elles succombent.

Je ne veux pas examiner s'il est vrai, comme l'a dit une femme célèbre, Mme Georges Sand, que souvent la femme succombe dans sa force et résiste dans sa faiblesse. Défions-nous des maximes toutes faites et des règles invariables lorsqu'il s'agit des femmes. Ce qui est vrai pour l'une est faux pour l'autre, et réciproquement. Mais ce qui est certain, c'est que tous, tant que nous sommes, jeunes ou vieux, célibataires ou mariés, chaque fois que nous nous trouvons en rapport avec une femme, nous n'épargnons rien de ce qui peut fausser son esprit et son jugement, troubler ses sens, exalter sa vanité, l'entraîner hors des voies où elle doit rester, et lorsqu'elle succombe, nous n'avons pas assez d'éloquentes tirades contre elle.

L

Prétendue faiblesse des femmes. Le sexe féminin est le sexe fort par excellence.

Puisque j'en ai l'occasion, je suis bien aise de m'expliquer ici au sujet de la faiblesse du sexe. Ce que j'en ai à dire est à la fois pour et contre lui; c'est une arme à deux tranchants.

Je crois que la femme est l'être fort par excellence. Nous n'avons sur elle qu'une supériorité incontestable, celle de nos muscles et une certaine organisation du cerveau qui, jusqu'ici du moins, nous rend plus aptes qu'elle aux combinaisons mathématiques, à la direction de certaines entreprises.

Je ne pense pas que nous ayons un grand orgueil à tirer de notre supériorité musculaire, qui, par voie de conséquence logique, nous mettrait au-dessous d'un fort de la halle et celui-ci au-dessous du bœuf ou du cheval, et ceux-ci au-dessous du lion, etc., etc.; quant à notre supériorité cérébrale, elle tient beaucoup au développement intellectuel que, de très-bonne heure, nous donnons aux jeunes garçons et que nous refusons aux jeunes filles. Mais je veux bien la considérer comme un don naturel, comme un signe marqué par le doigt de Dieu sur notre sexe pour différencier sa mission et caractériser son rôle.

Faut-il conclure de là que la femme est un être essentiellement faible, et l'homme, au contraire, un être essentiellement fort?

Non, certes!

Même au point de vue des choses extérieures et purement physiques, je doute qu'il y ait un homme assez vigoureusement constitué pour supporter les tortures de l'enfantement, les douleurs de la gestation et tous les maux que les femmes supportent avec une si admirable résignation.

Avez-vous vu, dans nos bals, ces frêles et charmantes créatures, au regard rêveur, couronnées de fleurs, vêtues de gaze, dont les pieds semblent à peine toucher à la terre, et qui dansent, polkent, valsent, mazurkent, cotillonnent pendant des nuits entières sans faiblir, avec des nerfs d'acier, soupant gaillardement à deux heures du matin, se couchant quand le soleil se lève et recommençant chaque soir pendant toute une saison? Je connais très-peu d'hommes capables de résister à ce régime. Le plus fin et le plus spirituel de nos observateurs, Gavarni, a parfaitement résumé, d'un coup de crayon et d'un mot, cette supériorité physique de la femme. Un jeune homme et une jeune femme, travestis tous deux, reviennent du bal; l'homme est las et courbé : Je n'en puis plus, dit-il, je suis *éreinté*. — Moi pas! réplique gaiement la jeune femme, leste et pimpante. Hélas! pauvres orgueilleux que nous sommes! dans combien de circonstances ce : *moi pas !* n'a-t-il pas retenti à nos oreilles !

Mais ce n'est là qu'une affaire de nerfs ou de tempérament, et je ne fais pas plus un mérite à la femme de sa vigueur nerveuse que je n'en fais un à l'homme de sa force musculaire ou cérébrale. C'est surtout dans l'ordre moral que la femme déploie des ressources de cœur et d'esprit, des trésors de tendresse et de dévouement, un courage, une présence d'esprit, un sens droit, qui ne sont certainement pas des signes de faiblesse. Je sais telle femmelette que la brise en passant pencherait comme un épi mûr, et qui laisserait bien loin derrière elle beaucoup d'entre nous, — et des plus forts, — dans les épreuves et les luttes de la vie.

Ne cherchons donc ni à excuser ni à amoindrir les femmes en disant qu'elles sont faibles. Le secret de leurs chutes est dans les enivrements que nous leur prodiguons, dans les tentations incessantes dont elles sont l'objet de la part des hommes, dans les entraînements de leur imagination plus encore que de leurs sens. Mais ces chutes, sachons-le bien, sont moins fréquentes que les nôtres. La femme est gardée par une sentinelle vigilante qui sans cesse lui crie : Prends garde! et qui est muette pour nous : c'est sa pudeur; c'est le sentiment de sa dignité personnelle qui est bien plus développé chez la femme que chez l'homme; c'est l'attachement au foyer domestique, l'amour des enfants; c'est enfin ce besoin de considération que la vieille Marceline exprimait si cavalièrement lorsqu'elle disait à Suzanne, la veille de son mariage : « Mon enfant, sois belle, *si tu peux;* sage, *si tu veux;* mais *sois considérée*, IL LE FAUT. »

Aussi, pour un homme, il y a dix femmes inscrites au martyrologe conjugal, et si le Minotaure pouvait parler il justifierait notre assertion.

LI

Quel est l'homme qui résisterait là où les femmes succomben ?

Au lieu de m'éloiger de mon sujet, cette dissertation sur la prétendue faiblesse des femmes m'y ramène.

Chacun de nous, disais-je tout à l'heure, a deux modes d'existence : le réel, le positif; puis le rêve, l'idéal, le roman, la fantaisie.

L'inaction dans laquelle nous tenons les femmes enfermées, ou, ce qui revient au même, les frivoles aliments que nous donnons à leur activité contribuent à développer outre mesure chez elles cette seconde existence, ces besoins factices, ces vagues et incessantes aspirations que l'homme est si habile à exploiter.

Que voulez-vous que fasse ou que devienne dans son ménage une jeune femme inoccupée qui, dès le lendemain de son mariage, s'est heurtée aux angles de la réalité, qui n'a peut-être pas été parfaitement édifiée des délicatesses de son mari; — les délicatesses de l'âme et des sens sont filles de l'amour, et l'amour, je ne parle pas de l'attrait charnel, je dis l'amour, le grand, le véritable amour fait si peu de mariages! — que voulez-vous que devienne cette femme? Elle s'occupe de sa toilette, elle fait des visites, elle écoute avec plus ou moins de malice les médisances qui atteignent celle-ci, les calomnies qui frappent celle-là; elle lit des romans, elle compare avec la sienne les existences qui s'y déroulent; avec son mari, les types qu'elle y rencontre; elle rêve, elle désire, elle soupire sans but précis; elle songe au monde, aux hommages qu'elle y a reçus, aux admirations dont elle a été entourée. Pour résister, dans de pareilles conditions, il faudrait être bardé de fer! Combien de femmes résistent pourtant! et quel est l'homme de bonne foi qui osera dire : J'aurais résisté! Entouré de tels piéges, de telles séductions, vivant dans cette atmosphère alanguissante, j'aurais résisté!

LII

Influence de la religion. Elle ne peut rien contre la coquetterie des femmes et leur désir de plaire.

J'entends une femme qui me dit : Et vous ne tenez pas compte de la piété, de la religion qui protégent tant d'épouses, tant de mères, et si peu de maris!

Ah! je n'aurais pas voulu toucher à cette corde. Pourquoi marcher sur des charbons ardents, quand on peut s'en dispenser? Je le dis bien bas, mais je crois que les exercices de piété protégent moins de femmes qu'on ne le croit généralement, non que je juge la religion impuissante, à Dieu ne plaise! j'aime à croire au contraire que, dans le secret du confessionnal, aussi bien que du haut de la chaire, elles n'entendent que de sages conseils; mais le souffle du monde emporte ou affaiblit tellement ces pieuses exhortations, qu'en sortant de l'église et même dans l'église, la plupart des femmes sont possédées par le démon de la coquetterie.

J'ai, sur le compte de ce démon perfide et charmant, des idées toutes particulières. Il a de graves défauts, mais il a aussi de précieuses qualités; il fait beaucoup de mal sans doute, mais nous lui devons de très-grandes choses.

Il a le tort très-grave de paralyser, comme je viens de le dire, la plupart des bonnes résolutions que les femmes prennent sous l'influence de la religion, de les détourner des voies ascétiques, du renoncement aux pompes et aux œuvres de Satan, d'entraîner un grand nombre d'entre elles dans les abîmes de perdition. Mais, d'un autre côté, demandez-vous ce que le monde serait sans lui? Nous serions encore à l'état de barbarie.

En effet,—je ne saurais me lasser de le redire,— toute notre civilisation, tous nos progrès, nos industries, rien n'existerait sans la coquetterie des femmes, sans ce désir de plaire, sans ce charme souverain qui crée les sociétés humaines. Si la France est placée à la tête des nations, c'est parce que la femme française est, plus qu'aucune autre, possédée de ce démon de la coquetterie, de ce désir de plaire que Dieu ne peut condamner absolument, et qui est une de nos forces sociales les plus énergiques. Et quelle force que celle qui, depuis dix-huit cents ans, résiste à la prédication chrétienne et fait oublier à toute femme et à tout homme le serment qu'on leur a fait prêter, la veille de leur première communion, de renoncer à Satan, à ses pompes et à ses œuvres. J'en appelle à toutes les femmes : quelle est celle qui, enfant encore alors qu'elle prêtait ce serment solennel, n'était pas préoccupée de sa toilette du lendemain, de son voile, de sa robe et de ses souliers de satin blanc?

Et quel bonheur qu'il en soit ainsi! que deviendrions-nous sans les aspirations de la femme vers le luxe et les plaisirs de la société? Vous figurez-vous ce que serait Paris s'il était silencieusement peuplé de sœurs grises, de capucins et de quakers? Les pompes de Satan, c'est l'industrie, ce sont les riches tissus, les métaux façonnés sous des milliers de formes, ce sont les demeures splendides, les vêtements élégants et confortables. Où en serions-nous sans ces pompes mondaines, et quel rang occuperions-nous parmi les nations?

LIII

La coquetterie des femmes et leur désir de plaire sont un des plus puissants leviers du progrès. Expérience du passé.

Les plus belles médailles ont leur revers; les meilleures choses ont leur mauvais côté; le mal et le bien sont mélangés à des degrés divers dans toutes les choses humaines. C'est la loi de notre nature.

Cet amour du luxe, ce désir de plaire, cette coquetterie des femmes, cet irrésistible attrait qui nous pousse vers elles et nous rend avides de leur sourire, de leur approbation, de leur amour; ces puissants leviers de tous progrès enfantent aussi la plupart des désordres, des troubles, des hontes, des douleurs qui déchirent le sein des familles.

Est-il possible de supprimer cette cause d'effets si contraires? Non, évidemment, puisque le christianisme la combat en vain depuis dix-huit siècles, puisque la plaie s'est agrandie sous les efforts de ceux qui voulaient la cicatriser, puisque l'Église elle-même s'est faite luxueuse, puisqu'elle a recherché avidement ces biens terrestres et périssables contre lesquels elle foudroie en vain son anathème.

Il faut donc accepter cet état de choses et s'efforcer en même temps de multiplier les bons effets, d'amoindrir les mauvais. La réforme de la loi, en vertu de laquelle les sexes s'unissent et les familles se constituent, préviendrait la plus grande partie de ces mauvais effets. Il suffirait qu'elle pût produire quelque bien pour qu'elle fût acclamée par tous les bons esprits.

Et que les adversaires de cette réforme ne disent pas que nous serions en plein âge d'or si notre système d'enseignement était plus religieux et plus moral, si la foi était plus profonde, si le clergé avait le monopole de l'instruction publique, la haute main dans la direction des affaires temporelles !

L'expérience a été faite. Tout ce que l'Eglise pourrait être aujourd'hui, elle l'a été pendant de longs siècles; elle a été maîtresse absolue, non-seulement des âmes, mais des corps; elle a eu à sa disposition les mesures de répression les plus énergiques; elle a tenu le glaive; ses inquisiteurs ont interrogé, au milieu des tortures, toute pensée rebelle. Quels ont été les fruits de cette domination ? L'adultère a-t-il été un crime rare ou inconnu pendant cette longue période de puissance? Interrogez l'histoire, elle vous répondra que jamais, dans aucun temps, la foi conjugale ne fut plus audacieusement, plus outrageusement violée qu'au moyen âge.

Pourquoi recommencerait-on aujourd'hui une expérience qui a produit de tels résultats?

C'est maintenant au pouvoir civil d'aviser.

LIV

La maison conjugale.

On ferait de gros volumes si l'on voulait recueillir tous les procès en conversation criminelle et en séparation de corps qui se sont plaidés en France seulement depuis une vingtaine d'années. J'en ai, pour ma part, compulsé plus d'un millier pour mon instruction personnelle et dans le seul but de m'éclairer sur les diverses questions que soulève l'institution du mariage. Je choisis parmi ces faits empruntés aux annales judiciaires, non ceux qui pourraient le plus vivement piquer la curiosité ou éveiller l'intérêt du lecteur, mais ceux qui mettent le mieux en évidence les vices et les imperfections que ce travail a pour but de signaler.

Voici, par exemple, une affaire qui fut portée devant le tribunal correctionnel de Paris, en 1833.

Le mari est tailleur ; il introduit une jeune fille, qu'il a séduite, dans le domicile conjugal, et lui persuade qu'il n'est pas marié, que sa femme légitime n'est que sa concubine, et, pour prouver son assertion, il se porte contre cette malheureuse femme aux plus extrêmes violences. Un soir, chez elle, celle-ci surprend son mari en tête-à-tête avec la jeune fille. A ses justes reproches le mari réplique par des coups ; puis se laissant emporter par la colère, au moment où sa femme allait se mettre au lit, il l'oblige à sortir de la maison sans même lui donner un vêtement.

Accablée de honte, la jeune femme va se réfugier au corps de garde le plus voisin, où des habitants de la maison vont lui porter quelques vêtements indispensables.

La femme porte plainte contre son mari, et celui-ci est renvoyé, « attendu que l'adultère n'est pas prouvé, et que d'ailleurs il faudrait qu'il eût été commis dans la maison conjugale. »

La *Gazette des Tribunaux*, à laquelle ce fait est emprunté, rapporte qu'au moment où ce jugement était prononcé, une dame, présente à l'audience, se penchait vers l'huissier et lui demandait s'il fallait aussi cette condition du domicile conjugal pour que les femmes fussent condamnées. On ne pouvait faire une plus judicieuse critique de la loi qui traite si inégalement les désordres de l'homme et ceux de la femme.

Dans le cas que nous venons de rapporter, le beau rôle est à la femme, il est vrai, malgré l'acquittement qui renvoie le mari des fins de la plainte; mais que sera devenue cette femme associée à un pareil être? Et si elle est tombée dans la débauche, sur qui pèsera la responsabilité de sa chute? Sur le mari sans doute, mais aussi sur la société tout entière, car il n'est pas une faute du plus petit d'entre nous qui n'accuse une imperfection sociale que nous sommes tenus de rechercher et de réformer, chacun dans la limite de ses forces. Or, de toutes les imperfections, laquelle peut avoir plus de gravité que celle qui touche au principe de la famille et en altère la pureté?

LV

Mariages d'argent.

Les mariages d'argent ont de tout temps été fort recherchés. Notre siècle n'est, sous ce rapport, ni meilleur ni pire que ceux qui l'ont précédé. Combien d'hommes abandonnent lâchement des femmes qu'ils ont séduites ou se détournent de jeunes filles sages qui pouvaient faire leur bonheur, pour épouser une dot plus ou moins riche !

Je trouve à ce propos dans mes notes une histoire qui a défrayé en son temps les malicieuses conversations du monde, et rempli les colonnes des journaux. Je vais vous la dire en quelques mots.

M. G... était à la recherche d'un riche parti. On lui signale Mlle de B..., dont la fortune était assez considérable ; mais en même temps, on l'informe que Mlle de B... est une enfant gâtée, qu'elle est coquette, qu'elle a des penchants vicieux, que sais-je encore?

Qu'importe à M. G...! Mlle de B... est riche, il n'en demande pas davantage. Il la recherche et parvient à se faire agréer.

La lune de miel n'eut qu'un quartier. Mme G... se plaignit bientôt de son mari, de son caractère, de ses goûts, qui lui étaient antipathiques. Elle quitta un jour le domicile conjugal. Le mari, connais-naissant le refuge qu'elle avait choisi, l'y surprit en flagrant délit d'adultère ou à peu près. Le complice avait fui, il est vrai, en sautant par la fenêtre; mais on trouva dans la chambre un casque d'officier de dragons, un sabre de cavalerie, et le commissaire constata des preuves trop évidentes.

Le mari pardonne à prix d'argent. Une seconde, une troisième faute de la femme ne le décident pas à sévir. Enfin, un jour, accablé de dettes, il fait saisir, les revenus de sa femme. Opposition de celle-ci. La deuxième chambre déclare le mari fondé en droit, puisqu'il offre à sa femme un domicile conforme à sa position.

Est-ce bien la peine de tirer la moralité d'une si

édifiante histoire. C'est un rude dissolvant que l'argent!

Le tribunal de Vouziers retentit aussi, en 1833, d'un procès en adultère. Il s'agissait d'un meunier qui avait les raisons les plus convaincantes pour ne pas douter de son malheur. L'affaire est plaidée, remise à huitaine, et l'on apprend à l'audience que, dans l'intervalle, le mari s'est arrangé avec la femme et le complice moyennant le payement d'une somme d'argent.

Voulez-vous un autre type du même genre? C'est le tribunal de la Seine qui me le fournit.

Comme le M. G... dont je parlais tout à l'heure, M. M... rêvait un riche mariage, et son rêve se réalise; mais l'épouse tient à rester et reste en effet maîtresse de sa fortune. M. M..., mécontent, maltraite bientôt sa femme, et celle-ci intente un procès en séparation de corps. Le mari se dit alors que si la femme obtient gain de cause, il perdra les revenus de la fortune. Il ronge son frein, se radoucit, devient charmant, et Mme M..., heureuse de ce changement inespéré, interrompt le procès et ne donne pas suite à sa demande.

Mais le mari ne se tient pas pour satisfait; il a

une idée, cet homme ! et une idée honnête, comme vous allez voir ! Il se lie avec les plus aimables jeunes gens qu'il rencontre dans la société, les attire chez lui, oblige sa femme à les recevoir, lui ordonne de leur faire bon accueil. Ces jeunes gens se montrent d'autant plus empressés auprès de Mme M..., que le mari n'est jamais là; tous font la cour à qui mieux mieux à la jeune femme. C'était un *steeple-chase* de galanteries. Mme M... est gracieuse, aimable, avenante, mais elle ne franchit pas la limite de ses devoirs. Le mari paraissait aussi confiant, aussi endormi qu'un chat qui guette un oiseau. Il spéculait honnêtement sur le piége qu'il avait tendu à la vertu de sa femme. Il observe et ne surprend pas la moindre faute. Impatienté, il dépose néanmoins une plainte en adultère, motivée sur les relations intimes qui, disait-il, existaient entre sa femme et les jeunes gens qui formaient sa société habituelle.

La chambre du conseil jugea l'iniquité du mari et déclara qu'il n'y avait pas même lieu à suivre. Était-ce assez ? Est-ce que la loi n'aurait pas dû châtier sévèrement un tel misérable?

LVI

Ce qu'on peut entendre par ces mots : flagrant délit.

Les personnes qui ont lu avec quelque attention les diverses décisions judiciaires dont nous avons reproduit soit le texte, soit la substance, ont pu voir que dans ces questions si complexes et si délicates que soulèvent les relations conjugales, la jurisprudence des tribunaux n'est pas constamment la même Il n'en peut être autrement dans des affaires qui empruntent aux circonstances particulières et intimes de la cause, au caractère et à la moralité des parties, des aspects dissemblables.

Le tribunal de la Seine a cependant adopté parfois une jurisprudence qui peut sembler contraire à l'esprit de la loi. Nous croyons devoir citer le texte très-curieux d'un jugement qui fut rendu dans une cause d'adultère. Ce jugement condamne la femme et acquitte le complice, par ce motif que le fait qui était reproché à celui-ci remontait à trois ans et ne constituait pas un flagrant délit. Voici les termes :

« Attendu qu'aux termes de l'article 338 du code pénal, les seules preuves admises contre le complice de l'adultère sont le flagrant délit ou les preuves résultant de lettres et autres pièces écrites par le prévenu ; qu'aucunes lettres ou pièces écrites par le prévenu ne sont produites ;

» Attendu qu'aux termes de l'article 41 du code d'instruction criminelle, le délit qui se commet actuellement ou qui vient de se commettre est un flagrant délit ; que le flagrant délit, ainsi défini par la loi, est un cas exceptionnel et ne peut être étendu ; que, dans l'espèce, les déclarations des témoins ne sont venues établir que des faits déjà anciens, non actuels ou qui viennent de se commettre ; *qu'il n'y a pas flagrant délit*, etc. »

Il est bon de rappeler à ce propos qu'un jugement, rapporté dans les pages qui précèdent, ne considère pas comme une preuve de l'adultère l'aveu fait par le complice dans un interrogatoire *signé par lui*.

LVII

La faute de la femme provoquée par l'abandon du mari.

Ce n'est pas dans les causes retentissantes qu'il faut toujours chercher les plus utiles enseignements sur la déplorable situation que la société fait aux femmes. Les plus humbles procès, ceux qui ne mettent en jeu que des personnalités obscures, sont parfois plus instructifs que les causes les plus célèbres dans les annales de la criminelle conversation.

Voici un homme qui se marie à une jeune femme; il est épicier tout simplement. Mais il rêve je ne sais quelles brillantes destinées, il néglige ses affaires; la gêne arrive. Vous croyez que cet homme s'inquiète de sa femme, de son avenir, de ses devoirs! Non. Il s'engage et va guerroyer en Afrique, où il conquiert les galons de sergent. Il reste là plusieurs années sans s'inquiéter de sa femme. Celle-ci, à bout de ressources, était entrée en service chez M. P..., qui entretint bientôt avec elle des relations coupables.

Le mari, congédié, arrive à Paris, s'informe de sa femme, apprend qu'elle vit avec M. P..., chez lequel il se rend, escorté d'un commissaire de police. Procès, condamnation de la femme à dix mois, et du complice à trois mois de prison.

La cour d'appel, prenant en considération les circonstances qui ont accompagné et motivé la faute de la femme, réduit sa peine au minimum.

Sans doute, cette femme était coupable; mais le mari ne l'était-il pas plus qu'elle? Cet homme-là avait-il rempli le devoir sacré qu'il avait juré de remplir en contractant son mariage? Avait-il donné aide et protection à sa femme? C'était pourtant la femme qui allait en prison, sur la plainte du mari.

Il est à peu près généralement convenu que l'infidélité de la femme est le plus sanglant affront qui puisse être fait à un mari, la plus rude atteinte qui puisse être portée à son honneur. Préjugé ou non, le fait existe; il règne avec une telle puissance que les tribunaux absolvent généralement le mari qui, surprenant sa femme en flagrant délit d'adultère, se fait à lui-même une épouvantable justice, et tue, dans un premier mouvement de colère, un des deux coupables, et même tous les deux à la fois.

Je comprends cette excuse, cette indulgence, lorsque la colère du mari éclate spontanément en présence de la découverte de son prétendu déshonneur; mais j'avoue que le mari qui prémédite sa vengeance, qui arme froidement son fusil ou son pistolet pour aller attendre et tuer la femme et l'amant au rendez-vous de l'adultère, comme un chasseur s'embusque pour attendre le passage d'une bête fauve, j'avoue humblement, dis-je, que ce mari me paraît peu excusable. Si l'adultère est un délit qui entraîne la peine de mort, que la loi édicte cette peine, rien de mieux! Mais si le législateur pense que ce délit n'est passible que de la prison, pourquoi permettre au mari d'appliquer lui-même la peine de mort, non pas seulement dans un juste mouvement d'indignation et de colère, mais avec préméditation?

Je voudrais bien savoir ce que déciderait un jury en présence d'une femme qui aurait guetté l'infidélité de son mari et l'aurait tué en flagrant délit d'adultère. Je n'ai pas trouvé un fait de cette nature dans la volumineuse collection de mes notes, tandis que j'y trouve très-fréquemment le meurtre de la femme et de l'amant, ou de l'un des deux par le mari. Ce qui me prouverait, s'il en était besoin, que la femme vaut mieux que nous!

LVIII

On ne peut pas donner et reprendre. La réconciliation, même apparente, des époux annule la plainte en adultère.

Le mari qui, après avoir déposé contre sa femme une plainte en adultère, si fondée qu'elle soit, quelque accablants que puissent être les faits reprochés par lui, s'est réconcilié, ou, par un rapprochement quelconque, paraît s'être réconcilié avec sa femme, annule lui-même sa plainte.

C'est ce qui résulta d'un procès très-scandaleux, très-éclatant, qui fut porté, en 1834, non devant la juridiction correctionnelle, mais devant la cour d'assises de Paris, parce qu'à l'accusation d'adultère se mêlait une grave accusation de vol commis, avec l'aide de fausses clefs, par la femme au profit de l'amant.

Un riche négociant espagnol, domicilié à Paris, avait épousé la fille de sa femme de charge. M. R... avait, parmi ses commis, un petit homme fort laid, presque bossu, dans lequel il avait la plus grande confiance. Le négociant surveillait sa caisse beaucoup plus que sa femme; aussi des relations intimes, inexplicables, s'étaient-elles, depuis longtemps, établies entre le commis et Mme R..., sans que le mari en eût le moindre soupçon. Mais, par compensation, le négociant reconnut bientôt un large déficit dans sa caisse. Une première fois il avait constaté la disparition de 1,100 francs et ne s'en était pas autrement ému, mais, à une nouvelle inspection, il constate un déficit de 54,000 francs.

Voilà notre homme aux champs et à l'affût; il observe en silence, fait une enquête et ne découvre rien. Un jour enfin, fouillant sans but précis un tiroir, il remarque un trousseau de fausses clefs qui ouvrent son secrétaire et sa caisse, puis, à côté du trousseau, des lettres qui, hélas! ne pouvaient lui laisser aucun doute sur son infortune.

Je vous laisse à deviner la scène qui suivit cette belle découverte. Dès le lendemain le misérable amant était arrêté et la femme était sous les verrous.

L'affaire s'instruisit.

C'était un bon et honnête mari que celui-là; il aimait sa femme malgré ses torts si graves. Il va la visiter dans sa prison, lui porte quelques douceurs; elle pleure, il pleure avec elle. « Je voudrais bien aller me promener un peu! » lui dit-elle un jour. Et le débonnaire mari va trouver le directeur de la prison, le prie de lui donner la garde de sa femme, et comme en définitive la femme accusée d'adultère ne peut être enfermée que sur la plainte de son mari, comme celui-ci a toujours le droit d'arrêter les poursuites et de faire cesser la captivité, le directeur de la prison consent volontiers.

Voilà les deux époux, bras dessus, bras dessous, faisant l'école buissonnière. Les heures s'écoulent, il faut dîner, on cherche un restaurant confortable, et M. R... s'installe avec sa femme dans un cabinet particulier, en bonne fortune!

Que s'est-il passé dans cette mystérieuse solitude? Rien que de très-légitime apparemment; mais il a suffi de ce rapprochement des époux pour que la plainte du mari, malgré ses énergiques protestations, soit devenue sans valeur.

O mystères de l'âme humaine? ô hiéroglyphes du cœur et des sens, qui vous déchiffrera? Cet homme qui prend sous son bras, fait sortir de la prison dans laquelle il l'a lui-même enfermée, et promène publiquement la femme à laquelle il a une si cruelle offense à reprocher! qui va dîner avec elle dans un cabinet particulier! se désole de ce que la cour ne prend pas sa plainte au sérieux et la considère comme non avenue par suite de cette réconciliation.

— Non, s'écrie-t-il, il n'y a pas eu de réconciliation!

Le président fait remarquer qu'il y a eu du moins quelque chose qui y ressemble fort, et ici commencent les questions délicates.

— Demandez-moi, dit le mari, si elle m'a embrassé, je dirai oui; si je l'ai embrassée, je dirai non. Je ne veux pas qu'on interprète contre moi et contre mes droits la pitié que j'ai eue d'elle.

Le président à Mme R... Y a-t-il eu des protestations d'attachement?

Mme R... Il y a eu réconciliation.

Le président. Comment? Votre mari vous a-t-il embrassée?

Mme R... Oui.

Le président. Vous a-t-il embrassée de manière à laisser croire?...

La prévenue se tait.

Le président. Je voudrais éviter certaines questions...

L'avocat du mari, une des gloires du barreau parisien, fait remarquer que Mme R... peut répondre à ces questions. « Il y a, dit-il, de la pudeur dans la vérité.

Le président. A-t-on dîné dans un cabinet particulier?

La prévenue. Oui.

Le président. Enfin, madame, votre mari a-t-il été... votre mari?

La prévenue. Oui!

Le mari. C'est faux!

Pendant ce délicat interrogatoire, Mme R... était voilée. L'avocat général fait remarquer qu'il serait nécessaire que les jurés pussent voir la physionomie de Mme R..., et il l'engage à lever son voile. La malheureuse femme dérange alors son voile de façon à ne laisser voir les traits de son visage que par les membres du jury.

Les débats se poursuivent à travers des incidents de cette nature. Le ministère public, dans son réquisitoire, bien que le fait d'adultère soit constant et avéré, dit qu'il n'est pas éloigné de croire que la réconciliation des époux a eu lieu postérieurement à la plainte du mari, et il requiert la cour de mettre, sur ce fait, Mme R... en liberté. Mais le jury déclare l'amant coupable d'avoir recélé sciemment la somme de 1,100 francs; il le déclare non coupable à l'égard du vol de 54,000 francs, et lui accorde le bénéfice des circonstances atténuantes.

Nous mentionnons ce verdict parce qu'il semble impliquer une contradiction, et qu'il soulève une question de droit intéressante. On ne peut être coupable de recel que lorsque ce qu'on recèle provient d'un vol. Or, dans la cause dont nous venons de parler, c'était la femme qui, à l'aide de fausses clefs, avait pris les 1,100 francs dans le secrétaire de son mari et les avait donnés à l'amant. Mais cet acte de la femme n'est pas qualifié vol, la femme ne peut voler son mari. L'amant, si méprisable qu'il fût, était puni pour un délit très-réel au fond, mais cependant ce qu'il avait recélé ne provenait pas d'un vol, et la personne qui lui avait remis les 1,100 francs n'était et ne pouvait pas même être en cause pour ce fait.

Un simple conseil de guerre avait raisonné ainsi, en acquittant, le 21 mai 1834, le sergent R..., dans une affaire qui avait de nombreuses analogies avec celle que nous venons de mentionner.

Mais je reviens à la question qui nous occupe, celle des conséquences de la réconciliation vraie ou apparente et de l'effet qu'elle exerce.

L'arrêt de la cour établit nettement que la plainte du mari ne peut survivre à un rapprochement qui a lieu entre l'époux offensé et la femme coupable. Après avoir énuméré les faits avoués au procès, la cour déclara que ces faits constituaient une véritable réconciliation. Et l'arrêt ajoutait : « La solution affirmative de la question dont il s'agit (la réconciliation) est de nature non à modifier les faits de culpabilité mentionnés en l'arrêt de renvoi, mais à les *anéantir* en éloignant l'action privée à laquelle, en matière d'adultère, l'action publique reste toujours subordonnée. »

C'est en conséquence de ce principe que la cour déclarait M. R... non recevable dans ses poursuites d'adultère.

LIX

L'accusation d'adultère doit reposer sur des faits et non sur de vagues assertions.

J'ai intitulé ce livre : *les Mauvais Ménages*, et le sujet que je traite est malheureusement inépuisable. « Si chaque mauvais ménage achète un exemplaire de votre livre, me disait une fort jolie femme, votre fortune est faite! » J'atteindrais bien mieux mon but, si je pouvais détourner un seul homme ou une seule jeune fille du gouffre sur lequel j'essaye de placer un phare et où viennent s'engloutir et se perdre à jamais tant de bonnes natures qu'un mariage disproportionné ou étourdiment conclu a perdues sans retour.

Les romanciers, les auteurs dramatiques ont épuisé leur imagination à trouver des combinaisons, des situations intéressantes qui missent en relief les inconvénients très-graves que je signale ici. Il m'a semblé que ces faits réels empruntés aux tristes annales de la vie domestique constituaient un plus utile enseignement. Le seul mérite de ce bouquin, — je puis bien le dire, puisque ce mérite ne m'appartient pas, — consiste dans la réalité des épisodes que je cite. Je photographie tout simplement le vilain côté des mœurs et des mariages contemporains, et c'est surtout aux grands parents, aux pères et aux mères de famille, que cette photographie peut être utile. J'aurais pu, — et rien n'était plus facile, — donner à ce travail une forme pédante; j'aurais pu dresser une statistique, entasser des chiffres dont j'ai les éléments sous la main, adresser mon livre à l'Académie des sciences morales et politiques, et concourir pour un prix Montyon.

J'avoue franchement que cette perspective ne m'a pas séduit le moins du monde, j'ai préféré une causerie avec le public. C'est si bon de causer, même à bâtons rompus, pourvu qu'on ne parle ni de la pluie ni du beau temps, ni de la politique ni des pièces nouvelles, ni de la hausse ni de la baisse. Causer, c'est se laisser aller à la dérive à travers des sites que l'on aime ; il est vrai que souvent ainsi l'on s'éloigne du but, et c'est un peu ce que je fais en ce moment. Mais c'est si facile d'y revenir.

Où en étais-je? Je disais en tête de ce paragraphe que l'accusation d'adultère, chose très-grave ! doit reposer sur des faits positifs et non sur de vagues assertions.

Lorsque, en 1834, M. de Belleyme présidait la première chambre, une de nos plus célèbres cantatrices se présenta devant lui et pria le tribunal de la séparer légalement de son mari. Les plaintes de l'aimable et illustre artiste n'étaient que trop fondées. Son mari s'était porté contre elle à des voies de fait, il l'avait insultée devant ses domestiques et avait ordonné à ceux-ci de ne pas lui obéir. En outre, il avait publiquement adressé à sa femme des reproches d'adultère, et avait colporté ces bruits calomnieux au café, au cercle, au théâtre. Par ces motifs, la cantatrice demandait la séparation.

Le mari avait en même temps formé une plainte reconventionnelle et voulait que la femme fût punie comme coupable d'adultère.

Le tribunal lui demanda sur quoi reposait cette accusation ; mais jugeant que les allégations étaient vagues, les preuves insuffisantes, il rejeta les plaintes du mari et autorisa la femme à faire la preuve des faits avancés par elle.

Que la nature humaine est un livre indéchiffrable ! A l'époque dont je parle, trois individus comparaissaient devant le tribunal correctionnel de la Seine. L'un d'eux, le mari, vieillard sexagénaire, se plaignait des infidélités de sa femme, jeune étourdie de cinquante ans, mère de dix enfants, et le complice de la femme était un barbon de soixante-cinq ans.

Les reproches que s'adressaient mutuellement ces êtres, qui n'auraient plus dû songer qu'à bien mourir, m'inspirent un tel dégoût que je ne veux pas les reproduire. En présence de cette vieille femme et de cet amant surtout, qui avait peine à se tenir sur ses jambes, le tribunal renvoya les parties dos à dos.

Nous allons maintenant, si vous le voulez bien,

opérer un changement à vue. La scène est à Dublin, devant la cour de l'échiquier. Au lieu d'une vieille matrone, nous avons devant nous une enfant, mistress H..., épouse du plus riche avocat de l'Irlande. Le mari, M. H..., accuse sa femme d'adultère ; l'illustre O'Connel lui prête le secours de son éloquente parole. Voici les faits de la cause.

M. H... comptait beaucoup sans doute sur son talent pour faire fortune, mais il se disait qu'un riche mariage l'aiderait plus facilement encore que son talent de jurisconsulte et d'orateur pour atteindre ce but. Il était lié avec une famille fort riche ; dans cette famille était une petite fille qui n'avait pas encore douze ans, miss W... Cette petite fille devait avoir une dot de 87,000 liv. sterling (2,175,000 fr.). Pour un homme qui voulait devenir riche, c'était un moyen tout trouvé. Miss W... était placée dans le premier pensionnat de Dublin. M. H... va la voir, lui porte des confitures, des friandises, lui monte la tête, je ne sais comment, et parvient à faire signer par cette enfant une promesse de mariage. Soit que miss W... se crût ainsi engagée, soit qu'elle eût une tête fort romanesque, elle consentit plus tard à se laisser enlever par M. H... Les moyens d'évasion sont préparés habilement; un jour, trompant toute surveillance, les deux amants prennent la fuite, se marient clandestinement; puis, les parents y ayant consenti, le mariage est publiquement célébré à Dublin, où les époux mènent un train proportionné à leur immense fortune.

Tout allait au mieux, lorsqu'un jour Mme H... surprend chez elle son mari en tête-à-tête avec une femme de chambre. Mme H... se fâcha, et il y avait bien de quoi! Vous croyez que le mari va s'excuser, pallier sa faute. Non! Est-ce qu'un mari ne se croit pas tout permis? Il maltraite sa femme, et Dieu sait que quand un Anglais s'y met, il n'y doit pas aller de main morte.

Une sainte se serait résignée et aurait accepté, sans se plaindre, les offenses et les brutalités. Mistress H... n'était pas une sainte.

Parmi les amis de M. H... se trouvait un fort bel homme, M. M..., chirurgien-major de l'artillerie royale, qui entreprit de consoler la jeune femme. Hélas! il y réussit. Le mari ne s'aperçut de rien. Ce fut la rumeur publique qui lui apprit que sa femme lui avait appliqué la peine du talion. Je vous laisse à deviner les excès auxquels se porta M. H..., lui qui battait sa femme, alors qu'il la trompait et qu'il était dans son tort. La brutalité et la violence du mari furent telles, que la femme fut contrainte de fuir le domicile conjugal. Mais elle ne s'en tint pas là. M. M... allait la visiter dans sa retraite, et M. H..., qui faisait autour d'eux bonne garde, les surprit dans des circonstances qui ne permettaient pas d'équivoquer sur leur criminelle conversation.

Un témoin se présenta devant la cour, et déposa de l'adultère préalable du mari, des sévices qu'il avait exercés sur la jeune femme. Le jury condamna seulement Mme H... à payer 75,000 fr. de dommages et intérêts à son mari.

On a pu remarquer que les tribunaux anglais tiennent sévèrement compte des torts du mari. Le jugement que nous venons de rapporter en est une nouvelle preuve.

La cour des *Commons-Pleads,* en 1834, condamna aux dépens M. S..., capitaine au service de la compagnie des Indes, bien qu'il fût plaignant contre femme, dont la faute n'était pourtant pas douteuse, puisque le mari l'avait lui-même surprise en flagrant délit. Mais, dans l'intervalle qui sépara la plainte du jugement, M. S... fut lui-même surpris, par sa femme, dans une situation qui ne permettait pas non plus de douter de sa faute, et cette circonstance suffit pour faire considérer sa plainte comme nulle et non avenue.

LX

Les poursuites par procuration.

On plaiderait des procès en adultère et en séparation de corps jusqu'à la fin des siècles, que sur cette trame uniforme apparaîtraient toujours des combinaisons nouvelles, des faits imprévus. Drame ou comédie, ce sont invariablement ces trois mêmes personnages : la femme, le mari et l'amant ; l'action est constamment la même, et cependant la diversité de leurs rôles est infinie, multiple, prodigieuse.

Combien de femmes, quand elles sont loin de leur mari, croient qu'elles peuvent impunément se laisser aller aux séductions qui les entourent, aux entraînements qui les sollicitent ! Puisque le mari seul a le droit de s'offenser de leur conduite et puisqu'il n'est pas là, pourquoi se gêner ?

Ainsi raisonnait Mme C... Son mari était établi en province, où ses affaires le retenaient impérieusement. Elle habitait Paris pour je ne sais quel motif, et agissait comme si elle eût été maîtresse d'elle-même. Mais les murs ont des oreilles, et le mari, au fond de sa petite ville, apprit les coupables légèretés de sa moitié. Il ne pouvait venir s'assurer par lui-même de la réalité des bruits alarmants dont quelque bonne âme lui avait fait confidence. Malheureusement il avait à Paris un frère auquel il envoya une procuration en bonne et due forme pour le représenter, et agir en son lieu et place dans cette pénible conjoncture.

Le frère y mit du zèle, et saisissant une occasion favorable, il fit arrêter sa belle-sœur. L'affaire vint devant le tribunal correctionnel de Paris. Le défenseur de Mme C... opposa une fin de non-recevoir basée sur l'invalidité d'une procuration donnée par le mari pour un tel objet. C'est bien le moins que le mari prenne la peine d'user en personne des droits que la loi lui confère; ces droits, pas plus que ceux résultant du mariage lui-même, ne peuvent être transférés. L'offense que l'on ne daigne pas constater et poursuivre soi-même est-elle bien une offense ?

Ainsi raisonnait l'avocat auquel Mme C... avait confié sa défense. Mais le tribunal repoussa cette exception. Il est bon d'avoir ce texte sous les yeux :

« Attendu, en droit, qu'il résulte de l'article 336 du code pénal, que le délit d'adultère ne peut être poursuivi que sur la demande et de l'aveu du mari, mais que cet article n'a point dérogé aux dispositions des articles 31 et 65 du code d'instruction criminelle, qui disposent que les dénonciations et les plaintes peuvent être rédigées et signées par les dénonciateurs ou par leurs fondés de procurations spéciales;

» Attendu, en fait, que M. C... a dénoncé l'adultère de la femme C..., en vertu d'une procuration spéciale, contenant tous pouvoirs suffisants à l'effet de porter plainte et d'y donner suite, et que sa dénonciation est régulière;

» Par ces motifs, etc., etc. »

L'exception opposée par les inculpés étant repoussée, la condamnation était inévitable, puisque Mme C... avait été surprise en flagrant délit par son beau-frère, chargé des pouvoirs du mari.

LXI

Une femme calomniée et obtenant pour ce fait la séparation.

Le mari a des droits superbes comme seigneur de ce canton qui s'appelle : le ménage: Il en use et souvent en abuse. L'abus lui est quelquefois préjudiciable. Une de nos marchandes de modes le plus en renom dans la *fashion* féminine obtint, devant la quatrième chambre, la séparation de corps, parce qu'elle avait été calomniée par son mari. Il était allé porter plainte en adultère contre sa femme chez le commissaire de police, qui, malgré son active surveillance, n'avait pu parvenir à constater l'ombre d'un délit. Une seconde fois le mari va se plaindre au procureur général des désordres imaginaires de sa femme, et le procureur général, pas plus que le commissaire de police, ne peut parvenir à constater des faits coupables.

En raison de ces calomnies, la jeune femme demande et obtient la séparation de corps.

Une autre fois c'est un mari qui fonde sa plainte en adultère sur des papiers très-compromettants qu'il a trouvés, dit-il, dans un meuble appartenant à sa femme. Cette écriture est bien celle de la coupable, il n'y a pas à s'y tromper. Mais, des investigations de la justice, il résulte que la femme n'a pas de complice; or l'adultère est peut-être le seul délit que l'on ne puisse commettre tout seul. Que signifient donc ces brûlantes aspirations, ces ardents appels adressés, sur un ton mélodramatique, à un être invisible? Hélas! le mari, en effet, a eu plusieurs rivaux : ce sont de méchants romans dont sa femme a transcrit les passages les plus incendiaires. Enchanté d'en être quitte pour la peur, le mari s'incline et demande pardon à l'épouse calomniée.

LXII

Un mari qui enlève sa femme. Quelques réflexions utiles.

L'étude dont ce livre est l'objet exclut toute espèce de monotonie. A chaque instant la scène change d'aspect et nous transporte des classes les plus humbles aux rangs les plus élevés de la société.

Nous voici en plein faubourg Saint-Germain, et tout ce que Paris a de noble, de riche, d'élégant, prête l'oreille au bruit d'un procès en séparation qui se distingue étrangement de tous les procès de ce genre.

Mme la comtesse de C... un des plus beaux noms de la France aristocratique, se présente devant la quatrième chambre et demande elle-même la séparation de corps. Elle adore son mari pourtant, mais elle n'est pas seule à l'adorer. Don Juan n'était qu'un pauvre séducteur auprès du noble comte. La requête de la comtesse lui reproche d'innombrables infidélités.

> De la fille du roi jusqu'à la paysanne,
> Tu ne méprisais rien, même la courtisane
> A qui tu disputais son misérable amant!
> Mineur, qui dans un puits cherchais un diamant!

Ce qu'Alfred de Musset disait de son don Juan à lui, Mme la comtesse le disait en termes moins poétiques et par l'organe de son avocat, de son don Juan à elle; petites maisons, chambres mystérieuses, femmes du monde et femmes de chambre, bourgeoises et grandes dames, tout était bon, tout était pays de conquête pour cet intrépide chercheur d'aventures.

La pauvre comtesse en eût pris son parti, ou peut-être eût suivi son exemple, si elle ne l'eût aimé avec passion. Son amour et le respect d'elle-même la sauvèrent, mais ne purent cependant lui inspirer une résignation absolue. Elle voulut plaider en séparation, bien qu'elle se rendît compte à l'avance des douleurs que le gain de son procès lui réserverait.

« Je ne puis, disait-elle dans une des nombreuses lettres que la publicité des débats livra à la curiosité et à la malignité du monde ; je ne puis, même pour vous plaire, afficher un enjouement que ma position rend impossible. Le froid qui règne entre nous n'est qu'un jeu pour vous ; il remplit mon âme de douleur... La séparation que nous méditons sera un palliatif, voilà tout ! et qui me coûtera des larmes de sang. Aucune illusion ne me soutient dans la route aride qui s'ouvre devant moi ; je ne cherche pas à vous dissimuler mes angoisses, un cœur blessé ne peut se servir que du langage de la vérité. La cause de notre dissension existera toujours. Vous parlez de devoirs de société, je ne connais que la chaîne de l'amour : comment nous entendre ? »

Certes, c'est là un beau et digne langage. Pauvre femme ! elle aimait son mari de toutes les puissances de son être ; elle avait un tort, celui qu'Almaviva reprochait à Rosine, et par lequel il essayait de justifier ses propres légèretés : celui de ne pas savoir modérer, contenir assez l'expression de son amour.

Et c'est là un tort grave dont les femmes, trop souvent, ne se rendent pas compte. Elles croient qu'il suffit d'aimer ! Sans doute, « aimer est le grand point, » ainsi que le disait le charmant poëte que je citais tout à l'heure, mais ce n'est pas le point unique. L'amour est à la fois le plus grand, le plus puissant, le plus fécond des sentiments humains, et la plus délicate, la plus difficile des sciences, celle qu'on n'apprend ni au collége ni au couvent, mais que les finesses du tact et de l'esprit, les délicatesses de l'âme peuvent seules nous révéler.

Il y a une sorte de pudeur à mesurer l'expression de son amour, de ses désirs, sur les manifestations que l'être aimé donne lui-même à ses désirs et à son amour. Cette pudeur, les femmes les plus pudiques la méconnaissent bien souvent, et c'est là surtout le tort que je me permets de leur reprocher. Rien ne nous fatigue, ne nous blesse intérieurement davantage, hommes ou femmes, que le défaut d'harmonie entre les élans de tendresse dont nous sommes l'objet et ceux que nous sommes disposés à donner nous-mêmes.

Ce défaut d'harmonie, cette différence de diapason choque davantage encore l'homme que la femme, par une foule de raisons qu'il serait bien difficile de déduire.

Que l'homme exprime son amour plus ardemment que sa femme ou sa maîtresse ne le voudrait à un moment donné, la femme n'en saurait être profondément offensée. Il y a dans cet empressement, dans ces pressantes sollicitations de l'homme qu'elle aime, quelque chose qui peut froisser momentanément les délicatesses de sa nature ou la placidité de ses sens, mais c'est en définitive un hommage rendu à la toute-puissance de sa beauté, elle se sent aimée et elle en est flattée et touchée.

Il n'en est pas de même pour l'homme. Si les manifestations de tendresse que sa femme ou son amante lui prodigue coïncident avec le calme de son cœur et de ses sens, son amour-propre peut en être satisfait, mais son orgueil en est blessé, et cela se comprend. La nature a réservé à l'homme, dans les relations amoureuses, un rôle actif et initiateur. Lorsque la femme, en exprimant son amour, si chaste qu'il soit, se place à un diapason supérieur à celui où se trouve en ce moment l'homme qu'elle aime, elle le blesse involontairement et sans même que celui-ci se l'explique ; elle fait plus, elle s'offense elle-même dans ce qu'elle a de plus mystérieux et de plus charmant, dans sa pudeur.

Cette science de l'amour, dont je parlais tout à l'heure, n'est donc autre chose que le tact du cœur et des sens poussé à son plus haut développement, la science par excellence, puisque de son application plus ou moins complète, plus ou moins sage, dépendent le bonheur de la vie et le calme du foyer.

Cette science, les femmes l'acquièrent par l'expérience; mais elle l'acquièrent comme Ève acquit la science du bien et du mal, en sortant du paradis terrestre. Et pourtant, combien de mères, en lançant leur fille sur cet océan du mariage, semé de tant d'écueils secrets, songent à les pourvoir de la boussole qui pourrait les leur faire éviter! Ce n'est pas l'usage! disent les meilleures et les plus intelligentes. Elles ont enseigné pendant seize ans à leur fille les saintes lois de la pudeur, et elles n'osent pas, à la veille du jour où une existence nouvelle va commencer pour cette enfant bien-aimée, lui révéler la loi capitale, celle qui consiste à se guider soi-même, à être maître de son cœur et de ses désirs, à ne pas offrir ce qu'on ne nous demande pas, ou à l'offrir du moins avec une réserve telle, qu'elle permette toujours une retraite honorable.

Nous sommes ainsi faits, que nous désirons ce qu'on ne nous donne pas, et que nous nous montrons volontiers dédaigneux de ce qu'on nous offre. C'est surtout dans les relations intimes que cette disposition de notre nature éclate.

Si l'aimable et noble femme, dont le procès en séparation nous occupait tout à l'heure, eût été moins prodigue des manifestations de son amour; si son volage mari eût été moins convaincu que cet amour, qui ne savait pas se contenir, mettrait, quand il le voudrait, sa femme esclave à ses pieds, pense-t-on qu'il se fût sitôt dégoûté du bonheur conjugal?

L'issue du procès, que je n'ai pas dite encore, répond à cette question.

C'était Me Berryer qui plaidait pour le mari. Le tribunal, sans s'arrêter aux moyens de réconciliation invoqués par l'illustre avocat, admit la comtesse à faire la preuve des faits par elle articulés. La séparation était imminente.

Qu'arriva-t-il? Le lendemain même du jour où ce jugement avait été rendu, une berline, attelée de quatre chevaux et précédée d'un piqueur, stationnait sur un point où la comtesse allait tous les jours faire sa promenade habituelle. A peine y fut-elle arrivée, que des mains vigoureuses l'enlevèrent, la portèrent dans la berline qui partit au grand galop. C'était le comte qui enlevait sa femme ; ce rapt était une galanterie conjugale. Il n'avait fallu rien moins que la crainte de perdre sans retour celle que ses infidélités avaient tant fait souffrir, pour dessiller les yeux du mari et lui faire comprendre que cet amour, qu'il avait tant dédaigné, était ce qu'il avait de meilleur ici-bas.

LXIII

Un douloureux contraste

Descendons l'échelle sociale à quelque degré que ce soit, aussi bas que vous le voudrez, nous verrons toujours les mêmes phénomènes se reproduire ; les formes varient suivant le milieu social, suivant l'éducation reçue ; elles sont polies et élégantes ici, brutales et grossières là, mais le fonds est invariable, le cœur humain est partout le même.

Nous étions tout à l'heure avec la fine fleur du faubourg Saint-Germain, nous voici avec d'autres acteurs. Nous sommes dans un cabaret perdu au fond d'une petite ville de province. Le cabaretier a épousé une belle enfant de seize ans. Elle se présente devant le tribunal ; elle a vingt-deux ans à peine, et vous lui en donneriez quarante, tant sa beauté est flétrie, tant la souffrance a ravagé ce jeune visage. Elle a vingt-deux ans, et elle a déjà supporté cinq grossesses, dont une a eu pour résultat un avortement causé par les brutalités de son mari.

Lasse enfin de tant de désordres, de tant de violences, Adèle P... se réfugie chez sa mère. Là, elle apprend qu'elle a été remplacée au foyer conjugal par une malheureuse fille.

Adèle aimait encore son mari. Jalouse et furieuse, elle va porter sa plainte au commissaire de police qui, assisté de ses agents, constate que le mari et la nommée Joséphine B..., qu'il dit être sa domestique, ont dû passer la nuit ensemble. Les coupables ont d'abord avoué, puis nié, mais la déposition du commissaire de police est accablante pour eux.

Le tribunal, faisant application de l'article 339, condamne le mari à 1,000 francs d'amende, et le condamné sort de l'audience, bras dessus bras dessous, avec sa maîtresse, laissant sa femme en pleurs.

Un pareil châtiment n'équivaut-il pas à l'impunité?

Je ne sais si je m'exagère la chose, mais il me semble qu'il y a dans l'attitude de cet homme qui a maltraité si cruellement la jeune mère de ses enfants, qui sort du palais en offrant le bras à sa concubine, recommençant ainsi, sous les yeux des juges, pour ainsi dire, le délit qui a motivé une simple condamnation pécuniaire contre lui, il me semble qu'il y a là, dis-je, une violente critique de la loi, qui punit si diversement la même infraction, suivant qu'elle est commise par l'homme ou par la femme.

Intervertissez les rôles en effet : la femme et son complice subiront une peine corporelle, ils seront condamnés à la prison. L'homme n'est condamné qu'à une simple amende, et brave la loi en présence même des magistrats chargés d'en poursuivre l'application.

LXIV

Heureuse tendance de la magistrature.

J'ai consacré un chapitre à l'examen de ce que l'on doit entendre par ces mots : flagrant délit; j'ai dit combien la constatation de l'adultère était chose délicate et difficile. Les tribunaux se montrent généralement fort exigeants en matière de preuves, et ils ont raison. Nous avons vu un tribunal acquitter la femme et son prétendu complice, bien que celui-ci eût avoué sa faute et signé son aveu au bas d'un interrogatoire subi par lui devant le juge d'instruction. L'aveu, en de pareilles circonstances, n'avait pas paru aux juges assez concluant.

Voici une affaire qui révèle de nouveau cette heureuse tendance de la magistrature.

Un cafetier de Paris épouse une très-jeune et très-jolie femme, qui occupe naturellement le comptoir de l'établissement, poste fort périlleux, dit-on, pour la vertu des femmes. Un bel officier fréquentait assidument le café de M. L... Ses assiduités redoublèrent quand Mme L... vint trôner au comptoir. Il était galant, empressé, et le mari était jaloux. Celui-ci fit si bien, que l'officier dut cesser ses visites; il était débiteur du mari, mais il souscrivit un billet et ne parut plus au café.

Le cafetier pourtant avait des soupçons. Sa femme sortait assez souvent. Où allait-elle? Un jaloux ne recule devant rien. Celui-ci suit sa femme et la voit, pimpante, entrer dans la maison qu'habitait l'officier éconduit.

Plus de doute! M. L... mesure toute l'étendue de son infortune. Il court chercher main forte chez le commissaire de police du quartier pour surprendre les coupables. On frappe, le nom de la loi est invoqué, et, après quelques moments d'hésitation, l'officier ouvre la porte de sa chambre. Il est seul et dans une tenue irréprochable. Le mari cherche et découvre sa femme blottie derrière un porte-manteau.

Vous voyez d'ici la scène. Le commissaire de police intervient entre les époux. La femme supplie son mari de ne pas faire d'éclat; elle a une sœur qui doit se marier bientôt, et le scandale d'un procès nuirait à ce mariage. Elle essaye de se disculper, mais le mari n'entend pas raison, il veut que sa femme avoue sa faute, et Mme L..., espérant désarmer ainsi la colère de l'époux, fait un aveu que le commissaire de police enregistre dans son procès-verbal.

Fort de cet aveu, le mari poursuit sa femme, qui comparaît devant le tribunal correctionnel. Elle y comparaît seule, bien entendu. Le commissaire n'ayant pas constaté le flagrant délit, l'officier n'avait pu être mis en cause.

Interrogée, la prévenue se renferme dans un système absolu de dénégations.

« — Mais, madame, dit le mari, vous avez tout avoué devant le commissaire de police.

» — Oui, répond la femme, parce que vous l'exigiez; parce que, au prix de cet aveu, vous m'aviez promis de ne pas ébruiter cette niaiserie qui aurait pu faire manquer le mariage de ma sœur.

» — Mais qu'alliez-vous faire chez l'officier ? car enfin ce n'était pas là votre place.

» — J'ai été imprudente, sans doute, mais j'allais là dans votre intérêt, vilain jaloux !

» — Comment, dans mon intérêt! réplique le mari stupéfait.

» — Oui, dans votre intérêt! j'allais pour engager l'officier à solder un billet qui était en souffrance. »

Le mari n'en croit pas un mot, mais le tribunal acquitte la prévenue.

LXV

Deux bras cassés. — Le droit de vie et de mort.

J'ai beau grandir dans ma pensée les droits du mari, apprécier à sa juste valeur l'offense qu'il reçoit, toute la gravité de la faute que commet la femme en oubliant ses devoirs et violant la foi conjugale, il m'est impossible d'excuser l'homme qui, froidement, calcule sa vengeance, se cache armé jusqu'aux dents, puis, à un moment donné, se précipite sur deux êtres humains et les massacre.

Ainsi que je le disais dans un des précédents

chapitres, toute violence peut être excusable dans ce cas, lorsqu'elle est spontanée, lorsqu'elle est le résultat d'un premier mouvement de colère, de légitime indignation. Mais la préméditation est odieuse. L'homme qui charge, amorce et arme ses pistolets, puis s'embusque pour donner la mort, commet un véritable crime.

Ce crime, je le sais, trouve souvent excuse devant les tribunaux; mais devant l'opinion publique, devant Dieu qui est le juge des juges, une pareille action n'en est pas moins criminelle. L'autorité du mari n'est ni plus auguste ni plus sacrée que celle du père de famille. La loi a cependant dépouillé celui-ci du droit de vie et de mort sur ses enfants. Que dirions-nous d'un homme qui se mettrait à l'affût de son fils pour le surprendre en faute, et déchargerait sur lui un coup de pistolet ou le mutilerait à coup de sabre?

Notre législation, qui fait de la femme une mineure, donne à l'autorité du mari un caractère quasi-paternel. Le mari jure de protéger sa femme. La femme, il est vrai, jure d'être fidèle, mais de ce qu'elle viole son serment, vous croyez-vous autorisé à violer le vôtre! Et d'ailleurs nul ne peut être juge dans sa propre cause; où en serions-nous si chacun s'arrogeait le droit de venger son offense personnelle?

Les tribunaux poussent généralement beaucoup trop loin l'indulgence pour ces maris qui, sous le prétexte que leur honneur est en jeu, chassent à l'adultère comme Jules Gérard fait la chasse au lion. Que dis-je? Jules Gérard, mon intrépide compatriote, expose bravement sa vie chaque fois qu'il tire un lion. Le mari qui chasse à l'adultère n'expose jamais la sienne.

Je combats de toutes les forces de mon âme cet horrible préjugé qui fait croire aux maris qu'ils ont droit de vie ou de mort sur leur femme quand ils parviennent à la surprendre en flagrant délit d'adultère.

Le conseil de guerre de Paris fit comparaître un jour devant lui un officier supérieur qui avait tiré deux coups de pistolet sur sa femme et sur son complice. Chasseur maladroit, il avait cassé un bras à chacun d'eux, au lieu de leur casser la tête.

Voici dans quelles circonstances se produisit cet horrible drame domestique.

L'officier supérieur dont il est question ici avait épousé une jeune femme; il aurait pu en être le père. Ils avaient vécu pendant neuf ans dans la meilleure intelligence. La femme avait un frère utérin, plus jeune qu'elle, qui vint à Paris pour y terminer ses études. Ce jeune homme était souvent invité à dîner chez l'officier supérieur.

Une servante de la maison, on ne sait dans quel but, informe le mari qu'il existe entre sa femme et l'étudiant des relations criminelles. Sans doute il ne fallait pas repousser absolument cette révélation, mais il convenait du moins d'en vérifier l'exactitude, de s'assurer du motif qui avait poussé la servante à la faire.

Notre homme se tient pour suffisamment édifié et aussitôt son parti est pris.

« Je dîne en ville ce soir, j'ai un bal officiel après, dit-il à sa femme d'un ton souriant et calme, engage ton frère à venir dîner avec toi, il te tiendra compagnie pendant la soirée. »

Cela dit, le mari charge deux pistolets et, le soir venu, va se cacher dans un cabinet noir donnant sur le salon où les deux jeunes gens devaient passer la soirée; à un certain moment, le mari sort de sa cachette, fait feu, et les deux balles qui devaient fracasser deux têtes ne fracassent que deux bras.

L'officier supérieur fut acquitté par le conseil de guerre.

Je ne veux pas amoindrir la faute des deux victimes; je ne me demande pas si leur culpabilité était suffisamment démontrée; si le lien de parenté qui unissait ces deux jeunes gens n'exigeait pas que cette culpabilité fût complétement démontrée; si le mari, convaincu à l'avance qu'ils étaient coupables, n'a pas pu se méprendre sur le caractère de l'intimité qui existait entre eux. Non! j'admets les suppositions les plus défavorables; je veux croire que cette femme, doublement criminelle, était à la fois incestueuse et adultère, que le mari n'a pu se tromper sur la nature de l'offense qui lui était faite, que son cerveau troublé n'a rien exagéré.

Et puis?

Cela lui donnait-il le droit de se substituer avec cette brutalité à l'action de la vindicte publique? Est-il excusable d'avoir, sur la dénonciation d'une servante, provoqué la réunion de ces jeunes gens, d'avoir préparé de sang-froid les armes destinées à donner la mort? Que tout homme de cœur, que toute femme réponde! Pour moi, je dis hautement: Non! mille fois non!

LXVI

Le chantage conjugal en Angleterre.

Hâtons-nous de passer à des sujets moins tristes, et pour cela, si vous le voulez bien, nous allons traverser le détroit et débarquer à Londres. L'Angleterre est, je crois, la terre classique de la *criminal conversation*, non que je veuille, en disant cela, porter atteinte à la vertu de nos belles voisines; je veux tout simplement exprimer cette opinion : que les procès du genre de ceux qui nous occupent ont en Angleterre un caractère placide tout particulier. Le mari y expose généralement ses griefs avec un flegme inconnu chez nous.

Dans ce pays d'affaires, où tout est matière à transactions, l'affront fait au mari est très-souvent réparé à prix d'argent, et le tarif varie suivant la classe, le rang, la fortune du personnage en cause.

Ainsi, devant la *Cour du banc du Roi* un industriel établit jusqu'à la dernière évidence les infidélités de sa femme : elle a été surprise ici tel jour, là tel autre. Au moment où le jury allait prononcer son verdict, le mari déclare avec calme qu'il retire sa plainte, l'affaire s'étant arrangée, dit-il, avec le complice de sa femme moyennant 60 livres sterling (1,500 fr.).

Lord L..., alors chancelier, n'échappa pas à si bon marché au scandale d'un procès de même nature. Le mari ne consentit à retirer sa plainte que moyennant une indemnité de 12,000 liv. sterl. (300,000 fr.).

Les hommes politiques en Angleterre sont l'objet d'une surveillance particulière de la part des maris, qui leur font payer très-cher l'atteinte portée à l'honneur conjugal.

Le bruit qu'avait fait la transaction de lord L... était à peine apaisé, que la haute société anglaise fut de nouveau émue par un procès intenté au premier ministre, lord Melbourne.

Une foule immense se pressait dans la cour des *commons-pleads* que présidait lord Tyndall. Sir Robert Peel et M. Greasley, membres du parlement, appelés à faire partie du jury, s'étaient abstenus. Le noble lord, donnant un bon exemple, avait refusé de transiger avec le mari qui se prétendait offensé ; la justice du pays était saisie, c'était à elle de prononcer.

Le plaignant était un *gentleman*, jeune encore, qui, par la protection de lord Melbourne, avait obtenu une position assez élevée ; la prévenue, étant jeune fille, avait porté un des noms les plus célèbres de l'Angleterre.

Malheureusement, le mari n'avait pu parvenir à constater un flagrant délit ; l'infortuné en était réduit à des dépositions de domestiques et à la production de lettres qui ne prouvaient pas grand'chose. L'avocat du mari donna lecture de trois missives adressées par le noble lord à la femme, elles étaient assez insignifiantes ; mais, disait l'avocat, « l'absence des formules de la politesse usuelle ne démontre-t-elle pas, entre celui qui a écrit la lettre et celle qui l'a reçue, une intime et coupable familiarité ? » Il n'y a que l'Angleterre où un pareil argument puisse être invoqué. Parce qu'un homme ne termine pas sa lettre à une femme par ces mots sacramentels : « J'ai l'honneur d'être, madame, etc., etc., » il sera soupçonné d'adultère.

Les témoins constatent de longues et fréquentes visites. Un domestique, que la prévenue avait congédié, dit avoir porté souvent des billets de madame au ministère ou à l'hôtel de South-Street, et le noble vicomte ne tardait pas à venir aussitôt après. Un autre a entendu mylord appeler madame : *Ma chère amie.* Une femme de chambre dépose que quand madame était seule avec mylord, on baissait les stores du boudoir.

La prévenue et lord Melbourne furent acquittés par le jury. Des acclamations et des sifflets, ou plutôt des *hurrahs* et des grognements, accueillirent ce verdict, que tous les jurys du monde eussent rendu, en l'absence de preuves convaincantes.

LXVII

L'adultère simple du mari peut autoriser la séparation des époux.

Il arrive rarement que la cour de cassation soit appelée à se prononcer dans les questions du genre de celles dont nous nous occupons. Aussi, lorsqu'elle est saisie d'un de ces problèmes si délicats que soulève la vie conjugale, devons-nous prêter attentivement l'oreille à sa décision.

Mme B... de F... avait intenté une action en séparation de corps contre son mari, pour cause d'adultère et injures, résultant de ce que le délit d'adultère, notoire pour le public, aurait été commis sous les yeux de l'épouse; de ce que le mari aurait donné à sa maîtresse des effets appartenant à sa femme.

L'enquête établit que la concubine avait été introduite une fois dans la maison conjugale, mais que les faits d'adultère s'étaient passés dans une maison étrangère.

Le tribunal de première instance déclara la demande de Mme B... de F... mal fondée, attendu que l'adultère simple du mari ne suffisait pas, aux termes de l'article 230, pour motiver la séparation; que les injures graves tirées de ce même fait participaient du même défaut de suffisance.

La cour d'appel reconnut que le grief de l'adultère simple, c'est-à-dire sans la circonstance aggravante de l'établissement de la concubine dans le domicile conjugal, ne constituait pas en effet un motif suffisant; mais elle prononça la séparation de corps pour les injures résultant des faits qui avaient accompagné l'adultère.

Le ministère public porta cet arrêt devant la cour de cassation, qui le maintint. « Si l'article 230, dit-elle, ne permet pas de refuser la séparation quand l'adultère a été accompagné de l'établissement de la concubine au domicile conjugal, il ne s'ensuit pas que la séparation ne puisse pas être accordée pour d'autres circonstances qui, sans être définies ni prévues, peuvent présenter un caractère de gravité que la sagesse et la conscience du magistrat doivent apprécier; attendu qu'en appliquant ce principe de morale la cour n'a méconnu ni le texte ni l'esprit d'aucune loi, etc., etc. »

La séparation de corps fut donc maintenue pour cause d'adultère simple de la part du mari. Prenez donc garde à vous, époux volages! Ce n'est pas ici un jugement de première instance ni même un arrêt de cour d'appel, c'est la cour suprême, celle dont les décisions souveraines établissent la jurisprudence, qui déclare que la séparation de corps peut être accordée, à la demande de la femme, pour d'autres faits que ceux définis par l'article 230 (établissement de la concubine dans le domicile conjugal) ; que d'autres circonstances, *non définies, non prévues,* peuvent présenter un caractère de gravité que la sagesse et la conscience du magistrat doivent apprécier.

LXVIII

Les séparations volontaires.

Les incompatibilités d'humeur, les différences de goûts, de mœurs, d'éducation, de caractères, de tempérament, qui se manifestent après le mariage, donnent souvent lieu à des conventions, à des arrangements intérieurs auxquels il ne faut pas trop se fier. Des époux, afin d'éviter le retentissement et le scandale d'une action en justice, se donnent ou se rendent réciproquement leur liberté. On n'est pas séparé aux yeux du monde, mais l'on vit, en réalité, comme si on l'était.

Les femmes ont trop souvent le tort de se fier à ces conventions verbales ou écrites que la loi ne reconnaît pas, ne peut pas reconnaître.

Une dame se présenta un jour devant le tribunal correctionnel de Paris, où son mari la faisait traduire, « au mépris, disait-elle, des engagements les plus sacrés. »

En effet, cette dame faisait passer sous les yeux des juges un écrit ainsi conçu : « Il est bien entendu et convenu entre nous que Mme M..., mon épouse, pourra aller où bon lui semble, *faire tout ce qui lui plaira*. Je m'engage, si je la rencontre dans la rue, seule ou en compagnie, à la laisser paisiblement passer son chemin, sans l'inquiéter, la troubler ou la déranger en rien. »

Certes, la déclaration était formelle. La femme crut pouvoir user de la liberté qu'on lui concédait si généreusement. Mais cette confiance n'était, de la part du mari, qu'une ruse infâme, et à la première occasion il fit surprendre et arrêter sa femme.

Le tribunal ne pouvait pas reculer devant l'application de la loi, mais il prit en considération cependant la lâche conduite du mari, et condamna la prévenue à quinze jours de prison seulement.

Oh! il faut bien en convenir à la honte de mon sexe : dans cet immense martyrologe conjugal que j'ai dépouillé avant d'écrire cette étude d'après nature, les hommes ne jouent pas le beau rôle. Que de grossièretés, que de méchants instincts, quelles dépravations! Sans doute, les femmes de ces hommes ne sont pas de blanches colombes! elles ont succombé; mais combien ont lutté courageusement contre la misère à laquelle l'abandon du mari les condamnait? combien ne se sont laissé entraîner à la dérive qu'après avoir épuisé toutes leurs forces à remonter le courant? combien ont été jetées dans les bras de l'amant par le mari, meurtries par les mauvais traitements qu'elles avaient reçus? Écoutez ceci :

Une jeune femme a la douleur de voir son mari condamné pour vol à une peine infamante. Cet homme subit sa peine dans la maison centrale de Poissy. La femme est restée seule avec sept francs pour toutes ressources. « J'avais bien l'intention, dit-elle devant le tribunal, de rester sage, mais *la faim m'a fait succomber*. Je n'avais pas mangé depuis vingt-quatre heures, quand M. B... (le complice) m'a offert des secours, et mon mari n'a pas trouvé cela mauvais, *tant que je lui en ai porté sa part à Poissy.* »

Malheureusement M. B... se trouva dans la gêne; la femme ne pouvait plus porter à Poissy *cette part*, cette rémunération dont elle parlait; et du fond de sa prison et de son infamie, le mari condamné fit poursuivre sa femme pour délit d'adultère.

Les juges admirent des circonstances atténuantes, mais ils n'en furent pas moins obligés d'appliquer la loi.

De l'indignité du mari passons à celle de l'amant.

Un campagnard aisé, jeune et vigoureux compère, Étienne F..., aimait éperdument Véronique, belle jeune fille de dix-sept ans et orpheline. Véronique aimait Étienne, et, bien qu'elle fût moins riche que lui, le paysan la demanda en mariage.

A défaut du père mort, le conseil de famille de Véronique donne son consentement à ce mariage. Un des hommes les plus riches et les plus influents de la localité, M. D..., suppléant du juge de paix, possesseur de 30,000 livres de rentes, faisait partie de ce conseil de famille. Il avait, lors de la mort du père de Véronique, prêté quelque argent à la veuve; il promit de protéger l'orpheline, et le mariage fut célébré sous les meilleurs auspices.

Étienne était laborieux et rangé; il aimait sa femme, et bientôt la naissance d'un enfant vint mettre le comble à son bonheur.

Véronique était moins heureuse. Le serpent s'était introduit dans sa maison, sous la forme du suppléant du juge de paix, et ce serpent n'avait rien de bien séduisant. M. D... était vieux, fort laid, et quoique marié et père de quatre enfants, malgré ses yeux rouges et ses cheveux non moins rouges que ses yeux, il avait les prétentions d'un conquérant.

Depuis longtemps déjà il soupirait auprès de Véronique, qui le repoussait sans oser manifester le dégoût qu'il lui inspirait, car elle redoutait cet homme si riche et si puissant, qui exerçait d'ailleurs sur elle l'ascendant d'une autorité presque paternelle. Elle ne redoutait pas moins les fureurs de maître Étienne, si elle lui révélait les assiduités et les propositions malséantes de M. D...

Que faire pourtant? Le serpent comprenait bien les embarras de Véronique, et poursuivait son œuvre de séduction. Voyant que sa personne avait peu de succès, M. D... mit en avant les charmes de son coffre-fort.

Lorsque le tentateur emporta Jésus-Christ sur la

montagne, il lui montra les royaumes, les empires à ses pieds, et lui dit : Tout cela sera à toi ! Le tentateur parle aux femmes un autre langage : Vous êtes jeune, vous êtes belle ; voyez ces dentelles, ces soieries, ces chiffons, tout cela est à vous ! Ainsi parla M. D..., et cette fois Véronique n'eut pas la force de crier : *Vade retro !* Retire-toi, Satan ! Elle succomba.

Soit que M. D... eût proclamé lui-même sa bonne fortune, soit que ses assiduités eussent donné l'éveil à la malignité publique, on parla beaucoup de Véronique dans le pays, et les sots propos, les commentaires malveillants arrivèrent jusqu'aux oreilles d'Étienne, qui n'y prêta aucune attention.

A peu de temps de là, une foire se tenait dans une localité voisine. « Eh bien ! dit le suppléant du juge de paix à Étienne, allons-nous à la foire ? nous ferons route ensemble ! » Et Étienne raconta à M. D... ses petites affaires, les achats à conclure, le bétail à vendre, etc. Véronique garda la maison, et les deux hommes, enfourchant leurs bidets, partirent au petit trot, côte à côte.

On arrive, on se mêle à la foule, on boit, on cause, on examine. « A propos, Étienne, à quelle heure retournerons-nous ce soir? —Ah! monsieur D..., j'en suis bien fâché, mais je serai obligé de passer la nuit ici pour terminer mes petites affaires demain. »

M. D... n'en demandait pas davantage; il s'esquive, court à l'auberge, fait seller son cheval et part au galop.

Le Français, dit-on, est né malin; mais le paysan est deux fois Français sous ce rapport. Quelques camarades d'Étienne avaient remarqué le départ précipité de M. D..., et le soir, attablés au cabaret, ils raillaient le pauvre mari qui bondit sous ces piqûres.

Le démon de la jalousie entra tout à coup, impétueusement, dans le cœur d'Étienne. Inquiet, il part à dix heures du soir et arrive chez lui. « Ma femme n'est pas couchée! » dit-il en apercevant un rayon de lumière qui s'échappait à travers un contrevent mal joint.

Il s'approche doucement, regarde et voit des habits d'hommes épars dans la chambre; il écoute et entend une voix masculine, la voix de M. D..., répondant à la douce voix de Véronique.

Etienne pénètre dans la maison, s'empare d'un fusil et entre dans la chambre. Véronique s'abrite derrière le berceau de son enfant endormi; M. D... demande grâce et se sauve après avoir souscrit des billets à l'ordre d'Étienne pour une somme de 33,000 francs.

Mais dès le lendemain matin, le suppléant du juge de paix prenait l'avance et dénonçait au procureur du roi Étienne et sa femme, comme coupables de l'avoir entraîné dans un guet-apens, de l'avoir, sous menace de mort, contraint à souscrire des billets.

Comment douter de la véracité d'un homme si haut placé ?

En attendant que la justice informe, mari, femme, frère, servante, toute la maison d'Étienne est mise en prison.

A peine remis de cette attaque imprévue, de ce coup de Jarnac, Etienne se décida à porter plainte à son tour contre son redoutable adversaire. Il raconta les faits tels qu'ils s'étaient passés; une nouvelle instruction commença et il s'en suivit un procès qui fut jugé à huis clos.

Le jugement condamna Véronique à trois mois de prison et M. D... à un an, de plus 2,000 fr. d'amende, plus 10,000 fr. de dommages et intérêts au profit du mari.

LXIX

Ce qu'il faut entendre par ces mots : le domicile conjugal.

L'article 230, si souvent cité dans les procès en séparation, veut que l'adultère du mari, pour qu'il motive la demande en séparation de corps, ait été commis dans le domicile conjugal.

Mais qu'est-ce que le domicile conjugal? Est-ce seulement la maison habitée par les époux? Une maison de campagne, une terre, un château, que les époux ont habité, qu'ils habiteront peut-être encore, n'est-il pas aussi une annexe du domicile conjugal?

M. G... n'était pas précisément le modèle des époux; au demeurant le meilleur fils du monde. Il avait un hôtel à Paris, hôtel silencieux où sa femme gémissait de l'abandon dans lequel elle vivait. M. G... fréquentait l'Opéra, avait ses entrées dans les coulisses et aimait beaucoup les danseuses. Une d'elles surtout exerçait sur ce tendre cœur un empire absolu. M. G... possédait une très-belle résidence de campagne où il avait passé avec sa femme un des quartiers de sa lune de miel.

Ce fut là que, sous prétexte d'un voyage à Florence, il conduisit sa danseuse. Comment Mme G... aurait-elle jamais connaissance de cette fredaine commise si loin de Paris, si loin du domicile conjugal ?

Hélas ! tout se sait. La fable ne nous apprend-elle pas que même lorsque les bouches se taisent, les roseaux eux-mêmes s'animent pour murmurer que le roi Midas a des oreilles d'âne ! Cette fois les roseaux n'eurent pas la peine de parler, et Mme G... apprit, par la plus vulgaire indiscrétion, que son mari, au lieu d'être en Italie, était tout simplement occupé à cacher son bonheur dans sa propre patrie.

Elle n'y tint pas. Les avoués, les avocats, les huissiers furent mis en campague, et le procès se déroula, en première instance d'abord, puis en cour royale. Les aigles du barreau plaidèrent le pour et le contre. L'arrêt décida qu'une résidence qui avait été habitée par les époux devait être considérée comme le domicile conjugal lui-même, et en conséquence la séparation de corps fut prononcée de plein droit au profit de la femme.

Il est bon d'ailleurs de rappeler à ce sujet qu'un arrêt de la cour suprême a décidé que la séparation pouvait être prononcée, alors même que l'adultère du mari n'avait pas eu lieu dans le domicile conjugal, et que des circonstances non prévues, non déterminées, dont le magistrat doit peser la gravité au fond de sa conscience, pouvaient également autoriser la séparation.

LXX

Une excursion en Russie. Uniformité du drame conjugal. Une Géorgienne de dix-sept ans.

Ne vous semble-t-il pas, madame et chère lectrice, que nous sommes depuis bien longtemps en France, et n'éprouvez-vous pas le besoin de changer d'air, de voir d'autres visages, d'autres mœurs?

Tenez! nous avons à notre disposition un train express auprès duquel les wagons des chemins de fer ne sont que des pataches et les pigeons voyageurs des tortues.

La locomotive a sifflé, nous avons déjà traversé l'Europe entière, et nous voici à l'extrémité de l'empire russe, dans le chef-lieu du gouvernement de Podolie, où l'on trafique par milliers de ces belles fourrures que vous aimez tant, madame.

Permettez-moi de vous faire les honneurs du pays.

Kamienec, où nous sommes, est une ville forte avec garnison et remparts, assise au confluent de deux rivières. Voici l'endroit où le tribunal du district tient ses séances. Entrons-y, écoutons, et vous verrez que dans tous les pays, sous toutes les latitudes, cette éternelle histoire du mari, de la femme et de l'amant est à la fois éternellement la même et éternellement diverse.

Ne craignez rien, je vous servirai d'interprète.

Cette jeune femme que vous voyez là, assise devant le tribunal, étrangement et richement vêtue, aux grands yeux noirs, à la taille souple et élancée qu'emprisonne un corsage rouge lamé d'or, cette femme se nomme Marie-Anne-Zulma.

Ce gros homme robuste, dont le front déprimé est couronné d'une forêt de cheveux gris, assis sur ce banc là-bas, est le seigneur Christophore, mari de la jeune femme. Auprès de lui, ce beau jeune homme élégant dans son brillant uniforme est le comte B... officier de S. M. l'empereur de toutes les Russies.

Enfin, un quatrième personnage, avec lequel vous ferez tout à l'heure plus ample connaissance, est le vieux mougick Grodisko, âgé de soixante-huit ans.

Vous voyez que, par extraordinaire, nous avons quatre acteurs au lieu de trois, mais Grodisko n'est là qu'un incident, un comparse; il vient, comme le jardinier d'Almaviva, se plaindre qu'on lui a jeté un homme sur la tête.

Laissons-le parler lui-même et raconter aux juges sa mésaventure :

« Je suis un pauvre vieux vannier. J'étais allé, le 5 de ce mois, chercher des branches d'aubier afin d'achever une corbeille pour les pères carmélites. Je cheminais par le faubourg Karwsarg, le froid faisait couler des larmes de mes yeux, la neige craquait sous mes pieds, lorsque quelque chose tombe sur moi et me renverse. Je crus d'abord que c'était encore un des anges déchus que le bon Dieu envoyait à l'enfer. Mais bientôt je vis un homme en pantalon, en chemise déchirés, s'enfuir à toutes jambes. On l'arrête et puis on le relâche. On me dit : C'est un noble, c'est un comte, il te récompensera. On m'emporte chez moi, et depuis lors je n'ai pas plus entendu parler du comte que des habitants de la lune. »

M. le comte B...., capitaine de hussards, vingt-cinq ans, s'exprime en ces termes :

« J'ai logé dans la maison du négociant Christophore. Pour utiliser mon temps, j'ai donné à sa femme des leçons de français et de musique. Un matin, je faisais répéter un air à madame, lorsque M. Christophore entre brusquement, puis, animé par la colère et peut-être par le vin, il se prend de querelle avec moi, frappe son épouse, me dépouille de mon habit et me jette par la fenêtre. J'ai eu le malheur de tomber sur ce pauvre homme, mais en vérité ce n'est pas de ma faute.

» — Christophore, qu'avez-vous à répliquer? » dit le président.

Christophore s'avance, déclare qu'il est commerçant en cachemires et en bijouterie, qu'il est âgé de cinquante-six ans. Ecoutons-le :

« Il y a quatre ans que j'ai acheté à Trébizonde une esclave géorgienne âgée alors de treize ans; j'ai veillé sur elle avec tendresse, je l'ai fait instruire et je l'ai épousée l'an dernier. Cette esclave est aujourd'hui ma femme, et elle est là, devant vous. J'ai reçu, il est vrai, pour locataire, — et je m'en repens, — le comte B..., mais je ne l'ai pas prié du tout de donner des leçons à ma femme qui sait déjà beaucoup de choses. Ils se sont vus au contraire malgré ma défense. Pour les surprendre, je feins un voyage, je pars le soir, et à l'aube du jour je rentre à la maison. Je vois le capitaine dans la chambre de ma femme. Je m'élance sur le séducteur et je le jette dans la rue. Ce n'est pas ma faute non plus s'il est tombé sur ce pauvre Grodisko. Quant à ma femme, elle a avoué son crime. Je me suis rendu chez l'évêque, je lui ai conté ce qui venait de se passer, et il m'a dit : Envoie-moi ta femme! — ce que j'ai fait.

» — Voyons, à votre tour, madame, expliquez-vous! » dit le président.

Marie-Anne-Zulma Christophore accuse avec complaisance ses dix-sept ans et dit avec la candeur de l'innocence :

« Je ne sais ce que tout cela signifie. Je dormais quand mon mari est rentré, et je me suis réveillée au moment où il jetait M. le comte par la fenêtre. Mon mari m'a envoyée chez l'évêque qui m'a fait dire des prières. L'évêque veut que je me confesse, que je fasse maigre, que je jeûne. On m'appelle coupable, je n'y comprends rien ; je suis innocente. »

Le président se tourne vers les juges, les consulte, et on décide que ces diverses explications ne suffisent pas à éclairer le tribunal, qu'il faut entendre des témoins.

J'ai besoin de donner, non à mes lecteurs, mais à moi-même, l'assurance que ce que je raconte ici est officiel, que cette scène se passe réellement au fond de la Russie, tant ces drames de la vie conjugale se ressemblent. Ce mari, cet amant, cette Géorgienne achetée à Trébizonde sont des personnages parisiens; je les connais, je les coudoie tous les jours.

Mais la ressemblance est plus frappante encore lorsqu'on entend les dépositions des témoins. La belle Zulma avait une servante qui vaut à elle seule toutes les Dorines du répertoire français. « Je suis seule coupable, dit-elle sans hésiter et sans rougir, mais coupable d'imprudence. Monsieur le comte était amoureux de madame. Il m'avait priée de le laisser pénétrer dans sa chambre, mais j'avais refusé, connaissant bien la vertu de ma maîtresse. Un soir il m'annonça que son régiment allait partir et qu'il mourrait s'il n'avait pas la consolation d'emporter le portrait de madame. Mais madame est si vertueuse qu'elle n'aurait pas consenti. Aussi fus-je obligée d'ouvrir, pendant la nuit, la porte à monsieur le comte pour qu'il pût tracer à la hâte une esquisse des traits de ma belle maîtresse.

» Il n'y avait pas dix minutes que monsieur le

comte dessinait, quand monsieur est entré furieux, et vous savez le reste. »

D'autres témoins démentent le récit de la soubrette, et notamment un vieux domestique qui dépose en ces termes : « Aussi vrai que le jour est blanc et que la nuit est noire, le capitaine entrait dès que mon maître sortait. »

Le tribunal se déclare incompétent sur la question d'adultère, par ce motif que, le mariage étant un sacrement, tous différends élevés entre époux sur cet acte doivent être jugés par la justice ecclésiastique. Mais il se prononça ainsi en ce qui concernait le fait d'un homme jeté par la fenêtre :

« Parce que l'ukase de Paul Ier, de 1799, reconnaît à tout homme le droit de jeter par la fenêtre de sa maison un meuble inutile en criant préalablement et par trois fois : Gare ! et qu'autrement il sera condamné à payer une amende de 25 roubles et des dommages à celui auquel il causerait un dégât.

» Parce que, suivant l'opinion de Christophore, le comte de B... était un meuble tout à fait inutile dans sa maison et qu'il avait le droit de le jeter par la fenêtre en criant trois fois : Gare !

» Parce que Christophore, n'ayant pas crié, a désobéi à l'ukase, le condamnons à payer 25 roubles à l'État, 2,000 roubles de dommages à Grodisko et 2,000 roubles pour la guérison, l'avocat et les frais, le tout dans les sept jours. »

J'imagine qu'on aura beaucoup ri de ce jugement dans les salons de Saint-Pétersbourg.

Voyant que les choses tournaient ainsi, Christophore s'est bien gardé de déférer sa femme au tribunal ecclésiastique. Il aurait peut-être été condamné à de nouveaux frais.

LXXI

Un grand seigneur russe.

Puisque nous sommes si loin de Paris, quittons le district de Kamienec, poursuivons notre route vers le nord et arrêtons-nous un instant dans la province de Volhynie.

Un riche boyard, le comte de S..., est le Nemrod

de la contrée; il passe sa vie à chasser dans ses grands bois, suivi de piqueurs, d'écuyers, d'équipages et de meutes magnifiques.

Quelle fatale inspiration a cet intrépide chasseur de vouloir se marier? Il a quarante ans sonnés, la vie paisible du ménage est aussi antipathique à ses goûts qu'à ses habitudes vagabondes. Mais il a remarqué une belle jeune fille, Camille W..., et il veut l'épouser; il l'épouse en effet, sans trop s'inquiéter des dispositions du cœur de Camille. La pauvre enfant aimait en secret un pauvre et charmant jeune homme, Michel K... Mais comment résister à sa famille éblouie de l'honneur que lui fait le comte en recherchant Camille?

Le mariage est célébré et la lune de miel n'interrompt pas un seul jour les exploits du noble chasseur. Le mari partait de grand matin, au bruit des fanfares, rentrait le soir, épuisé de fatigue, ou même ne rentrait pas, quand la poursuite du cerf, du sanglier ou de l'ours l'avait entraîné trop loin.

Que vouliez-vous que fît cette infortunée comtesse en un tel ennui et en une si profonde solitude? Michel K... rôdait autour du château, Camille le suivait des yeux et du cœur. Un jour Michel pénétra auprès de Camille, et quand il sût ce doux chemin, il ne l'oublia plus.

Le comte fut informé des visites assidues du jeune homme. Vous croyez peut-être qu'il fit un retour sur lui-même, qu'il se rendit compte des tristes conditions d'existence dans lesquelles il avait placé sa femme ; qu'il essaya de changer ses habitudes pour vivre davantage auprès de Camille, pour la soustraire et se soustraire en même temps au danger qui le menaçait, et qui déjà peut-être les menaçait tous deux ? Non !

Un mari ne fait pas de tels efforts. Le comte distribua de l'argent à ses domestiques, et, aidé par eux, il surprit les deux amants très-près l'un de l'autre.

Il les fit lier ensemble, dos à dos, dans le costume plus que léger où ils avaient été surpris. Qu'allait-il faire ? Il pouvait exercer contre les coupables les plus atroces vengeances. Il fut mieux inspiré ; il réunit à dîner tous les parents de sa femme, leur raconta ce qui s'était passé, et leur dit qu'il allait faire annuler son mariage, puis... qu'il fallait marier les deux amants.

L'autorité, informée de l'existence d'un double délit : de séquestration de la part du mari, d'adultère de la part de la femme, commit un juge pour instruire l'affaire. Celui-ci fit une enquête et déclara qu'il y avait lieu à suivre. Mais la justice russe n'était pas, dans ce temps-là du moins, incorruptible, (ceci se passait en 1837). Le même juge; à un mois de là, déclara qu'il n'y avait pas eu précisément adultère, encore moins séquestration, et après la dissolution du premier mariage, les deux amants, dotés par le comte, furent mariés bel et bien.

Ce grand seigneur russe n'a-t-il pas donné ainsi une bonne leçon à tous les maris ? Camille W... est probablement devenue une excellente épouse, une bonne mère de famille. Qu'aurait gagné la morale publique à ce que le comte eût fait punir les deux amants de quelques mois ou de quelques années de prison ?

LXXII

Les Pénélopes.

Je ne sais si Alphonse Karr a emprunté à la vie réelle ou à son imagination le sujet de sa *Pénélope normande*, mais il a mis en évidence dans ce roman, avec son talent habituel, et aussi avec une crudité par trop réaliste, les inconvénients auxquels sont exposés les maris que leurs habitudes et leurs occupations éloignent forcément du domicile conjugal. On se marie pour vivre avec sa femme! Si vous devez courir les mers pendant des années entières, ne vous mariez pas, c'est bien plus simple et bien moins dangereux! Je trouve les principales situations du roman de mon spirituel ami dans une affaire qui fut portée, il y a vingt ans de cela, devant le tribunal de Dieppe.

La Pénélope normande, cette fois, se nomme Lucie. Elle est fille d'un négociant du Havre qui, malgré l'extrême jeunesse de Lucie, a tenu à la marier à un vieux brave marin, capitaine d'un baleinier, loup de mer intrépide.

La jeune fille obéit à son père, mais elle éprouve une invincible répulsion pour cette excellente et rude nature à laquelle son sort va être associé.

Le mariage a lieu, et peu de jours après, le capitaine prend la mer. Pendant qu'il fait la guerre aux monstres de l'Océan, un adroit pêcheur tend de perfides filets autour de l'épouse délaissée.

Vous figurez-vous une enfant de seize ans à peine, seule, livrée à elle-même, loin de son père, loin de son mari, entourée de toutes les séductions et de tous les entraînements de la jeunesse?

L'histoire ne dit pas si elle résista longtemps, mais ce qu'elle dit franchement, c'est qu'elle succomba.

Le capitaine arrive; de bons amis le mettent au courant des torts de sa femme. Ce brave homme réprime son premier mouvement de colère, il se rend compte de ses torts, renonce à la mer pour quelque temps, change de résidence et espère conjurer ainsi sa fatale destinée. Mais il fallait repartir, le navire n'attendait plus qu'une brise favorable. Le capitaine ne peut se décider à laisser sa femme exposée encore aux dangers de la solitude, et une idée triomphale traverse son esprit : Si je mettais Lucie au couvent pendant tout le temps de mon absence!

Lucie jette les hauts cris, mais le capitaine est inexorable. Que faire en ce péril extrême? Lucie fait prévenir son Edgar du danger qui la menace ; Edgar accourt, enlève sa maîtresse, et les deux jeunes gens, sous de faux passe-ports, courent la Normandie. Mais le capitaine est un rusé compère; il flaire leur trace, découvre les fugitifs et les fait arrêter.

Si le capitaine avait voulu et pu légalement se conduire comme le grand seigneur russe dont il était question tout à l'heure, la morale publique n'y aurait-elle pas gagné plus qu'elle n'a gagné à la condamnation méritée de ces deux jeunes gens?

Une autre Penélope fut condamnée par le tribunal correctionnel d'Épernay. Elle était belle, elle avait vingt-cinq ans. Après sa condamnation, à la sortie de l'audience, elle alla trouver le procureur du roi qui avait requis contre elle, et fondant en larmes, elle lui dit : « Vous avez eu raison, monsieur, je suis une malheureuse; mais que voulez-vous? j'étais si jeune; je n'avais que quinze ans lorsque mon mari m'a séduite. Il m'a épousée après ma faute et il m'a pervertie. Mon mari me battait, mes enfants manquaient de pain, voilà ce qui m'a perdue! Donnez l'ordre, je vous prie, que le concierge de la prison me reçoive aujourd'hui; il me tarde d'avoir mis une séparation entre le monde et moi! »

Connaissez-vous une protestation plus touchante, plus éloquente contre le danger des unions mal assorties et indissolubles? Cette plainte, ce n'est pas à un roman, à un personnage imaginaire, c'est à la vie réelle que je l'emprunte.

LXXIII

L'Auvergnat et le scalpel.

La plupart des maris sont tellement convaincus que la loi leur donne droit de vie et de mort sur la femme et son complice surpris en flagrant délit, qu'il est nécessaire de mentionner les circonstances où les tribunaux croient devoir réprimer la coupable fantaisie de ceux qui, de leur propre chef, punissent ou tentent de punir de mort les coupables.

Un Auvergnat, malheureux en ménage, avait depuis longtemps à se plaindre de sa femme. Il avait assez philosophiquement supporté la longue série de ses infortunes conjugales ; mais le mouton lui-même peut devenir enragé. Il apprend un jour que sa femme court à un rendez-vous. L'Auvergnat tâche de se procurer des pistolets ; il n'y peut réussir, mais il trouve je ne sais où un scalpel, un vrai scalpel.

Muni de cette arme redoutable, il se présente dans la maison qu'on lui avait indiquée. Il frappe à la porte de la chambre, c'est l'amant lui-même qui vient ouvrir. L'Auvergnat se précipite sur cet homme, et, en véritable Indien, il se met à le scalpeliser. La femme, effrayée, s'enfuit à toutes jambes. L'amant cependant ne se laisse pas bénévolement maltraiter ; il se défend de son mieux, et l'Auvergnat, bien que n'ayant qu'à demi satisfait sa vengeance, s'éloigne, rentre au logis où il trouve sa femme et passe assez tranquillement la nuit auprès d'elle.

La fuite de la femme, cette apparente réconciliation des époux après une scène si horrible, donnent lieu à une action capitale contre eux.

L'affaire est portée devant la cour d'assises. Le président demande plusieurs fois à l'accusée si elle n'aurait pas cédé aux menaces de son mari et ne lui aurait pas livré son amant. Chaque fois que cette question est posée, la femme répond avec fermeté que jamais il n'a existé entre elle et son mari un concert semblable, et, loin de vouloir pallier sa faute, elle ajoute avec force qu'elle aimait trop M. Léon pour le livrer sans défense à la violence de son mari.

— Réfléchissez bien, dit l'avocat général, cette question de M. le président est toute dans votre intérêt.

— Je le sais bien, répond-elle, j'ai réfléchi. La vérité est dans ce que je viens de vous dire : j'aimais trop M. Léon pour l'exposer à un danger pareil.

Le fait de complicité fut écarté. La femme fut punie comme adultère ; mais le mari, l'homme au scalpel, fut condamné à six mois de prison, et c'était justice, en vérité !

LXXIV

La mort du mari équivaut-elle à un désistement ?

Voici une question délicate qui a été diversement résolue par la jurisprudence.

Un mari surprend sa femme en criminelle conversation et la défère aux tribunaux. Dans l'intervalle qui sépare la plainte du jugement, il meurt. S'il eût vécu, il aurait peut-être pardonné à sa femme, il se serait désisté et aurait ainsi arrêté l'action de la vindicte publique.

Le bénéfice de cette supposition doit-il profiter à la femme ?

On cite deux arrêts : l'un de la cour de cassation, en date du 17 juin 1813 ; l'autre de la cour royale de Toulouse, du 15 janvier 1820, qui ont renvoyé des fins de la plainte les femmes prévenues du délit d'adultère; et ces arrêts se fondaient sur ce que les maris auraient pu, si leur existence se fût prolongée, exercer le droit de pardon que la loi leur attribue.

Le tribunal correctionnel et la cour royale de Paris jugèrent différemment en 1838.

Un mari, M. G..., avait porté plainte contre sa femme. Peu de temps après, cet infortuné, n'ayant pas la force de résister à son chagrin, se donna la mort. Les avocats s'appuyèrent sur les deux arrêts que je viens de mentionner, et invoquèrent au profit de leurs clients le doute qui planait sur les résolutions ultérieures du mari. Cet homme, en effet, devait passionnément aimer sa femme, pour qu'il n'eût pu survivre à la douleur que la faute de celle-ci lui avait causée. Aimant ainsi sa femme, il aurait certainement laissé descendre sur elle son pardon. Mais le ministère public trouvait dans ce fait même un argument contre la prévenue. N'était-elle pas la cause première de ce suicide?

Le tribunal prononça la condamnation, se fondant sur ce que le mari avait persisté dans sa plainte jusqu'au dernier moment, et que sa mort volontaire ne pouvait équivaloir à un désistement. La cour royale, devant laquelle ce jugement fut porté, adopta les motifs des premiers juges; toutefois elle réduisit la peine de la femme de six mois à trois mois de prison.

En regard de cette double décision, nous devons placer un jugement du tribunal correctionnel de Montpellier, en date du 24 juillet 1839, qui fait prévaloir la doctrine contraire, à laquelle la cour de cassation s'est rangée depuis longtemps.

Il s'agissait, comme dans la précédente affaire, d'un cas d'adultère incontestable et incontesté. Le mari était mort avant l'ouverture des débats.

Le ministère public demandait la condamnation des prévenus, se fondant sur ce que le mari avait fait tout ce qu'il pouvait faire pour armer la justice. Il était mort sans faire entendre aucune parole de pardon, sans consigner dans aucun écrit le désistement de l'action qu'il avait conférée au ministère public. Nul ne pouvait donc suppléer à son silence et lui prêter une volonté opposée à celle qu'il avait précédemment manifestée. Et si le mari tombait en démence, ou s'expatriait, ou se trouvait physiquement incapable d'exprimer sa volonté, il n'y aurait donc plus de poursuites pour venger son honneur?

La loi permet au mari d'arrêter les effets de la condamnation prononcée contre sa femme; serait-on reçu à prétendre que la peine de la femme doit cesser par le fait seul de la mort de son mari?

Ainsi parlait l'organe du ministère public.

Le tribunal ne tint aucun compte de ces considérations : « Attendu, dit-il, que le délit d'adultère n'est qu'un délit privé... qu'il faut que la volonté du mari *persiste dans toutes les phases* de la procédure et *vivifie* l'action du ministère public...; que si l'on peut dire que cette intention de poursuivre, une fois manifestée par la plainte, est censée continuer jusqu'à ce qu'elle soit remplacée par une manifestation contraire, ce raisonnement n'est fondé que tout autant que la volonté peut être censée exister. Or, dans l'espèce, le mari étant décédé et l'intention qu'il avait manifestée *n'étant pas de celles qui sont exécutoires après décès*, ou tout au moins devant être présumée avoir cessé, l'action du ministère public *s'est éteinte*, et il n'a plus qualité pour agir *dans un intérêt qui a pris fin*, et qui est tellement personnel à l'époux qu'il ne saurait être transmis à ses héritiers;

» *Qu'on ne saurait priver la femme* de l'avantage

qu'elle a à se trouver en cause en présence de son mari, *son véritable adversaire*, puisque, si celui-ci est décédé, elle ne peut lui opposer l'exception prévue par l'article 336... et puisque le mari peut à tout instant arrêter les poursuites intentées contre sa femme, ce qui n'est point au pouvoir du ministère public... et que la femme se trouve par là dépouillée des garanties et des ressources que la loi lui réserve ;

» Que, dans un tel état de choses, la condamnation de l'épouse *n'a plus qu'un intérêt illusoire*, puisque la réparation est exclusivement dans l'intérêt du mari ; que lorsque cet intérêt cesse d'exister par la mort du mari, *il en naît un contraire*, celui des enfants et de la famille ;

» Le tribunal rejette les conclusions du ministère public, relaxe les prévenus, etc. »

A ne consulter que les lumières du simple bon sens, la théorie exposée dans ce jugement est la seule vraie. Le délit d'adultère n'a d'analogie avec aucun autre délit. Ce n'est pas la société, c'est le mari seul qui en est le suprême arbitre. Il peut armer la justice et la désarmer à son gré. La punition du délit n'intéresse donc que lui seul et non la société. S'il meurt, soit avant l'ouverture des débats, soit après la condamnation prononcée, la poursuite du délit et les effets de la condamnation n'ont plus leur raison d'être. L'intérêt dominant, l'intérêt auquel la justice a donné une légitime satisfaction n'existe plus, et il naît immédiatement un *intérêt contraire,* celui des enfants et de la famille.

Il est donc permis de penser, avec le tribunal dont nous venons de citer la décision, avec la cour royale de Toulouse (arrêt du 15 janvier 1820), avec la cour de cassation (arrêt du 17 juin 1823), que la mort du mari équivaut à son désistement.

LXXV

Les effets de la réconciliation.

J'ai déjà mis en évidence des faits qui prouvent que toute apparence de réconciliation entre les époux annule la plainte du mari, non-seulement contre la femme, mais contre son complice. Je reviens sur ce sujet pour mettre sous les yeux du lecteur le texte d'un arrêt important rendu par la cour royale de Toulouse en 1838, arrêt qui fut confirmé par la cour de cassation.

Un mari, dont le nom est très-célèbre dans les lettres, avait obtenu du tribunal correctionnel de Montauban la condamnation de sa femme et celle de M. L... à six mois de prison pour fait d'adultère. Le fait était constant et n'était pas nié, d'ailleurs, par les prévenus. L'amant interjeta appel de ce jugement, se fondant sur ce qu'une réconciliation était intervenue entre le mari et la femme antérieurement à la condamnation.

La cour de Toulouse, saisie de l'appel, rendit un arrêt en ces termes :

« Attendu que, s'il est hors de doute que l'adultère, infraction outrageante au plus solennel des contrats, est un délit que le législateur ne peut voir avec indifférence, il n'en est pas moins certain que la difficulté des preuves, le scandale qui naît presque toujours des faits révélés par la poursuite, l'atteinte dont elle frappe le repos et la sécurité des tiers, ont dû causer une grande influence sur la détermination du caractère de ce délit;

» Que si l'article 336 place parmi les délits cette grave infraction aux lois de la morale, le législateur la met aussitôt dans une catégorie exceptionnelle en proclamant : 1° que, quelque étendu que soit le pouvoir dont le ministère public est investi, la dénonciation du mari doit précéder la poursuite; 2° que ce pouvoir, conservateur des droits généraux de la société, est impuissant pour lui garantir l'accomplissement de la satisfaction pénale que les magistrats lui avaient accordée, puisque le mari demeure le maître d'arrêter les effets de la condamnation; 3° que ce délit, dont on ne peut concevoir l'existence que par le concours simultané de deux individus de sexe différent, n'a cependant, aux yeux du législateur, qu'un seul auteur, la femme; 4° que l'homme, sans la perpétration duquel le délit ne peut exister, n'en est cependant que le complice; et que ce complice ne peut être poursuivi qu'autant que l'auteur du délit, la femme, est elle-même frappée par l'action du ministère public, et que si, par rapport à elle, le délit a perdu son caractère légal, s'il est effacé, s'il est éteint, *toute pour-*

suite doit aussi s'arrêter à l'égard de son complice;

» Qu'il est également constant que la réconciliation des époux (et il ne peut y en avoir de plus explicite que leur réunion dans la même couche) opère cette extinction de la manière la plus formelle; ces diverses circonstances existant dans la cause, le prévenu était donc bien fondé dans son exception contre le ministère public; la décision des premiers juges qui l'a puni comme complice du délit qui, à leurs yeux, ne pouvait avoir d'existence légale, doit donc être réformée;

» La cour, etc., etc. »

Le ministère public n'accepta pas cette doctrine et en appela à la cour de cassation. L'avocat général de la cour, M. Pascalis, conclut à la cassation de l'arrêt que nous venons de transcrire; la cour, au contraire, le confirma et déclara que la cour de Toulouse avait bien jugé.

Les termes de cet arrêt sont remarquables, ils font parfaitement ressortir le caractère exceptionnel de ce délit, le seul dont la poursuite n'appartienne pas au ministère public. Si le mari ne dénonce pas sa femme à la vindicte publique, la vindicte publique est impuissante, et même alors que la justice est saisie, alors qu'elle a prononcé sa décision souveraine, il dépend toujours du mari d'arrêter soit les effets de la poursuite, soit les effets de la condamnation. Mais il ne dépend pas du mari, si grande que soit la puissance dont le législateur l'a investi dans l'intérêt des familles, de séparer en quelque sorte son pardon, de se réconcilier avec la femme et de tenir rigueur au complice. « Le complice ne peut être poursuivi qu'autant que l'auteur du délit, la femme est elle-même frappée par l'action du ministère public. » Et si le délit, par rapport à elle, perd son caractère légal, s'il s'efface, s'il s'éteint devant la volonté du mari, le bénéfice de cette indulgence s'étend de plein droit au complice, que le mari le veuille ou non.

Il ressort donc de ce qui précède et de ce que nous avons dit, dans le chapitre relatif aux effets de la mort du mari, que la réconciliation même apparente des époux, aussi bien que le décès de la seule personne intéressée dans la plainte, met la plainte à néant et absout la femme et son complice.

LXXVI

Une double faute.

Je ne sais rien de plus profondément triste que ces drames muets de la vie conjugale, ces antipathies, ces haines, ces défiances, ces violences qui font d'un grand nombre de mariages des enfers anticipés. Que de fois j'ai vu entrer dans un salon, au bal ou dans une loge d'Opéra, de jeunes femmes brillantes et parées, gracieuses et souriantes, qui, le matin, avaient été insultées ou même battues par leurs maris, car ce n'est pas si rare qu'on le croit, un mari qui bat lâchement sa femme, même dans ce que l'on appelle la bonne société !

Pour moi, je méprise l'homme qui se conduit ainsi, mais je ne saurais plaindre la femme. Si faible qu'elle soit, elle pourrait empêcher son mari de commettre deux fois cette lâcheté. Si le sentiment de sa dignité ne lui a pas donné le courage de couper court à ces brutalités, c'est qu'elle mérite son sort.

Les femmes n'ont pas assez la conscience de leur force. Elles pourraient assouplir et dompter, même quand elles ne sont pas aimées, les natures les plus vicieuses et les plus perverses. La plupart ne semblent pas s'en soucier. Elles ne se disent pas assez que le lien qui les a unies à l'homme qu'elles accueillaient à peu près avec indifférence la veille du mariage et qui le lendemain leur est devenu antipathique ou odieux, que ce lien est indissoluble et qu'à tout prix elles doivent surmonter leur répulsion ou leur dégoût pour s'attacher leur mari, pour arranger le moins mal possible leur existence dans cette union mal assortie où l'attrait de leur indépendance, la séduction d'un cachemire quelquefois les a entraînées.

Il est une heure solennelle pour la femme, c'est celle où le mari pénètre pour la première fois dans la chambre conjugale. En ce moment elle est souveraine, et son avenir, son repos, l'influence qu'elle exercera sur son mari dépendent de la façon dont elle va exercer sa souveraineté. Elle est arrivée là dans toute sa candeur, dans toute sa pureté, dans toute son innocence. Sa mère aurait cru manquer à tous ses devoirs si elle lui eût dit un seul mot pour lui signaler les écueils innombrables qui peuplent cet océan perfide sur lequel elle l'engage. Ses instincts de femme, ses délicatesses vont-elles la servir ou la fourvoyer?

Je ne voudrais pas affirmer qu'il y a plus de mauvais que de bons ménages, mais on ne m'accusera pas de pessimisme si j'affirme que les unions complétement heureuses sont fort rares, que beaucoup de femmes cachent sous les fleurs et sous leur sourire d'horribles et secrètes tortures; qu'autour de ces écueils dont je parlais tout à l'heure et qu'aucune carte ne signale à l'inexpérience des navigateurs, je vois flotter les épaves d'innombrables naufrages.

On peut heureusement constater ces résultats sans craindre de faire manquer un seul mariage. Toutes les jeunes filles qui voient éclater autour d'elles les orages conjugaux ont en elles une admirable confiance. Elles disent comme le personnage de l'*École des vieillards* : « Mais moi, c'est autre chose! »

Ainsi disait Mlle Herminie P... Elle épousa un

homme déjà veuf et immensément riche. M. D... avait perdu sa première femme et les médisants prétendaient qu'elle était morte de chagrin. La seconde Mme D... était merveilleusement belle, rêveuse, poétique; elle poursuivait la chimère d'un amour idéal, profond, qui aurait absorbé sa vie. Son mari vivait dans des régions plus humbles. Homme du monde et de plaisir, jeune encore, il administrait habilement sa fortune et en usait largement.

A peine mariée, Mme D... mesura avec effroi toute la distance qui la séparait de son mari. Celui-ci menait la vie à grandes guides, mais hors de chez lui. Sa femme se crut négligée, trahie, et se plaignit avec douceur. Le mari répondit aigrement; toutefois ne voulant pas séquestrer sa femme et ne se souciant pas cependant de la mener dans le monde, il plaça auprès d'elle, en qualité de sigisbée, un de ses parents du premier lit, aimable et charmant jeune homme, M. Charles B... qui fut chargé de la conduire au bal, au spectacle, en soirée. Prudente association de la poudre et de l'étincelle!

Mme D... voit le danger et honnêtement elle veut s'y soustraire. Elle fuit et court s'enterrer à la campagne. Vous croyez que le mari va comprendre la sagesse et la loyauté d'une telle résolution. Erreur ! il rappelle sa femme à Paris, où elle retrouve le péril qu'elle avait voulu éviter.

— Tâche donc de distraire ma femme ! dit le mari à M. Charles, et, cette recommandation faite, il court à ses plaisirs. Mme D... succomba cette fois. Un jour le mari découvre un petit meuble et dans ce meuble des lettres fort indiscrètes. Quand donc les femmes comprendront-elles qu'il n'y a qu'un seul confident assez sûr, assez discret auquel on puisse livrer les lettres d'amour? Ce confident, c'est le feu, et celui-là n'a jamais trahi!

M. D... trouve donc ces lettres, mais cette preuve ne lui paraît pas assez concluante. On était à la fin d'août, on menait la vie de château. C'était un dimanche, et Mme D... avait donné le pain bénit. La chaleur était lourde, c'était une de ces journées où, suivant l'expression du poëte :

Les vents sont à l'amour, l'horizon est en feu.

Les deux jeunes gens se promenaient sous les ombrages du parc et recherchaient les plus mystérieuses retraites. Le mari les suivait à pas de loup, il surprit le jeune homme aux pieds de sa femme. Mme D.,. fit bonne contenance; aux reproches violents de son mari, elle répondit avec calme par une accusation en bonne forme. Qui l'avait abandonnée? qui l'avait précipitée dans le mal? qui donc l'avait rappelée de la solitude où elle s'était réfugiée alors qu'elle avait encore la force de résister? qui lui avait imposé la société de ce jeune homme? qui avait attisé leur mutuel amour?

Mis ainsi en présence de sa faute, le mari pardonna; mais cet incident, on le pense bien, ne rapprocha pas les deux époux. M. Charles fut exilé. La jeune femme tomba plus tard gravement malade.

Un des princes de la science fut appelé. Il lutta courageusement contre le mal, et parvint à sauver la jeune femme, qui voua au docteur une éternelle reconnaissance. Le savant docteur, de son côté, s'était profondément attaché à sa chère malade. De cette reconnaissance et de cet attachement à un sentiment plus tendre, il n'y avait qu'un pas, et ce pas fut franchi.

Cette fois, le mari ne découvrit rien, et ce fut la femme qui l'informa elle-même de sa faute.

« Une affection vraie s'est offerte, lui écrivit-elle, ai-je pu la repousser? Quand, touché de mes maux, il accomplissait sa mission en tâchant de m'arracher à la mort, je lui ai sacrifié sans regrets une existence qu'on m'avait faite si misérable... Entourée d'espions, de basses surveillances, ma maison m'était devenue odieuse... En face de cet abîme de mon désespoir, je vous pardonne. »

C'était pourtant la femme qui, alors qu'elle était pure encore de toutes fautes, écrivait à son mari : « Je n'attends plus rien de la vie, l'existence m'a trompée. Je ne demande qu'à mourir. J'ai vingt-trois ans, et je suis arrivée là de déception en déception. Depuis l'enfance, j'ai rêvé un attachement profond, amour ou amitié, affection qui étreignît mon âme, qui pût absorber mon être. J'ai cru réaliser ce rêve dans la tendresse de mon père; une mère jalouse venait à chaque instant ébranler mon estime, ma vénération pour lui. Il est mort avant que j'aie pu me dévouer à l'aimer... J'ai rêvé, désiré, aspiré l'amour conjugal. Sans cesse je me représentais deux êtres liés à la même existence, toujours deux, toujours ensemble. La tristesse dont je suis si souvent atteinte m'aurait paru moins amère en la partageant. Si une main amie m'eût soutenue, si un cœur m'eût aimé, je ne pleurerais plus; nous défierions le malheur si nous étions unis!

Et ailleurs :

« Je voudrais pouvoir donner à mon mari une preuve éclatante de mon affection. Quelquefois le soir, nous marchons en silence; il pense à ses plaisirs, à sa fortune, et moi je voudrais qu'on vînt l'assaillir; je me précipiterais, je tomberais percée de coups, mais je l'aurais sauvé. Il verrait si je suis capable de courage quand j'aime. A cette pensée, mon sang bouillonne, j'ai le frisson, je serre son bras. Je voudrais me jeter à son cou, le couvrir de caresses. Puis je m'arrête et je me dis : Que lui ferait cette preuve d'amour? une émotion qu'il repousse, un dérangement dans sa vie! il aime bien mieux un dîner cuit à point. Il a raison peut-être de considérer ainsi la vie, mais moi, mon Dieu, je ne puis! Cette seule pensée m'étouffe, je pleure, et pourtant pourquoi pleurer? J'ai tous les jours à dîner, j'ai un hôtel, des voitures, de riches toilettes. Mon Dieu! est-ce donc là tout? »

Puisque nous pouvons reproduire ces fragments de lettres, c'est que les débats d'un procès scandaleux retentirent. Une condamnation correctionnelle frappa cette malheureuse femme. Mais n'est-il pas bien coupable aussi, l'homme qui a laissé un pareil cœur s'égarer, qui a refusé de tels trésors de dévouement et de tendresse ?

Ah ! les maris ! les maris ! quelle engeance. Et ils ont l'audace de se plaindre quand, après s'être ainsi conduits, il leur arrive malheur !

LXXVII

Une femme implacable.

Nous avons établi bien souvent déjà, dans le cours de cette causerie familière sur l'inépuisable sujet des relations conjugales, que le mari était investi par la loi d'un droit absolu de souveraineté. S'il est offensé, le délit dont il se plaint perd son caractère privé, la société s'émeut, la justice est saisie. Il dit aux tribunaux : Sévissez ! et les tribunaux sévissent. Il prononce le mot de pardon, et la condamnation s'efface. Il ouvre et ferme à son gré les portes de la prison.

Il existe cependant une puissance supérieure à la sienne, c'est celle de la femme qui frappe de nullité le désistement du mari, s'il lui plaît de ne pas accepter le pardon que celui-ci lui offre.

Il y a ici une distinction très-délicate à établir. Lorsque le législateur a donné au mari seul le droit de poursuivre l'adultère et subordonné à sa plainte l'action même du ministère public, à sa décision les décisions des tribunaux, il a voulu entourer le foyer domestique d'une infranchissable barrière, il a voulu laisser une porte toujours ouverte à la réconciliation des époux. Mais si la femme repousse cette réconciliation, si la vie commune lui est devenue insupportable à ce point qu'elle préfère la honte d'une condamnation à l'autorité et au contact du mari, le désistement de celui-ci n'a plus de valeur et la vindicte publique passe outre.

Dans ce cas, le délit d'adultère perd son caractère privé et personnel pour devenir un délit social.

Le tribunal correctionnel de Paris a vu un jour le plus honnête, le plus paisible et le plus George Dandin des herboristes se désoler, s'arracher les cheveux, retirer sa plainte, supplier sa femme, — contre laquelle il avait, dans un moment de colère, porté une plainte, hélas! trop fondée, — supplier sa femme de revenir à lui, jurant que le passé était oublié, qu'il ne lui en dirait jamais un mot.

Il fallait que ce pauvre homme eût quelque défaut intime bien terrible, car sa femme, sous le coup d'une condamnation à laquelle il lui était si facile d'échapper, se bornait à répondre, d'un ton de voix implacable : Non! plutôt la mort!

L'amant se joignit au mari pour implorer cette femme qui ressemblait plutôt à une accusatrice qu'à une accusée, et la réponse ne variait pas : Non! plutôt la mort!

Le mari fut impuissant devant cette ferme résolution, et le tribunal condamna la femme de l'herboriste à un an de prison, le complice à trois mois. La femme ne sourcilla pas en entendant prononcer ce jugement, et l'infortuné mari fondit en larmes.

LXXVIII

Le combat conjugal. Désaveu de paternité.

Ma vie est un combat, disait J. J. Rousseau. Combien de maris et de femmes pourraient adopter cette devise! Certains procès en séparation offrent un véritable intérêt stratégique, ni plus ni moins que la bataille d'Eylau; ce ne sont que marches et contremarches, surprises, retraites habiles, attaques imprévues. Si, au lieu de causer comme nous le faisons ici, chère lectrice, je dressais le plan de ces batailles conjugales, dans l'intérieur du ménage d'abord, puis devant les diverses juridictions, vous seriez étonnée de toutes les ressources, de toutes les combinaisons, de toutes les ruses que les plaideurs et les plaideuses en séparation mettent en usage pour avoir l'avantage dans cette déplorable lutte, c'est-à-dire pour faire prononcer la séparation à leur profit.

Pour donner une idée, même affaiblie, des luttes de cette nature, je veux vous raconter les vicissitudes d'un mariage qui fut régulièrement contracté en Angleterre entre M. le baron de C... et la fille du duc de B...:

A peine arrivés en France, les deux époux formèrent réciproquement une double demande en nullité de mariage, le mari et la femme se fondant tous deux sur le défaut des publications légales et du consentement du père de la jeune personne. Le tribunal de première instance rejeta les deux demandes. Les plaideurs firent appel, et la cour, en audience solennelle, confirma la décision des premiers juges.

Ne pouvant faire annuler leur mariage, les époux formèrent immédiatement, chacun de son côté, une demande en séparation de corps. La baronne invoquait des sévices et injures graves; le baron fondait sa demande sur des faits injurieux qui auraient été publiés contre lui et sur la conduite dissipée de sa femme, depuis qu'elle n'habitait plus le domicile conjugal.

Le tribunal admit Mme la baronne de C... à faire la preuve de deux faits sur les sept qu'elle avait articulés; le mari fut débouté de sa demande à cause de l'absence de certaines formalités de procédure.

La femme fit appel de ce jugement; elle voulait faire la preuve complète et réclamait la séparation immédiate; le mari se mit en mesure et remplit les formalitésqu'il avait d'abord négligées.

Le jugement intervint, et cette fois ce fut le baron qui remporta la victoire; la séparationfut prononcée à son profit. La baronne fit de nouveau appel de ce jugement. Mais pendant que cette instance était pendante, le mari apprit une *bonne* nouvelle; il apprit que sa femme avait donné le jour, hors du domicile conjugal, à un enfant du sexe féminin. Pour un plaideur de cette force, c'était plus qu'une *bonne* nouvelle, c'était une *bonne* fortune.

Aussitôt un nouveau procès commence, un procès en *désaveu de paternité*.

L'appel du jugement, qui avait prononcé la séparation de corps, arrive devant la cour, mais la cour remet à statuer jusqu'à ce que le procès en désaveu de paternité soit vidé.

Voyez-vous d'ici cet enchevêtrement de procès, d'appels, de jugements et d'arrêts!

Le tribunal admet le désaveu du mari et déclare que la petite fille, née de Mme la baronne, n'est pas sa fille. Mais si le mari n'est pas le père, qui donc est le père? Car, enfin, on est toujours le fils de quelqu'un, comme dit Brid'oison.

La baronne, frappée par ce jugement, comprit qu'elle se présenterait devant la cour avec trop de désavantage, et elle se désista de son appel. Mais le mari, en tacticien habile, ne voulut pas d'une demi-victoire. Cet appel que sa femme abandonnait, il le reprit; il demanda lui-même la réforme du jugement qui avait prononcé en sa faveur la séparation de corps et se fonda, en vainqueur, sur le désaveu qu'un jugement avait admis et sur l'adultère de sa femme.

La cour mit fin à cette lutte acharnée en réduisant à 5,000 fr. la pension que M. de C... devait payer à sa femme; elle condamna celle-ci à trois mois de prison, et prononça la séparation définitive de ces mortels ennemis qui avaient pourtant fait un mariage d'inclination!

LXXIX

La règle : *Is pater est.*

Les tribunaux se sont, de tout temps, montrés fort réservés sur les questions délicates de paternité. Il faut que les preuves produites par le mari soient bien évidentes pour que sa réclamation ne vienne pas échouer contre le termes formels de la loi qui assigne au mari la paternité des enfants nés pendant le mariage : *Is patèr est quem nuptiæ demonstrant,* celui-là est le père qui est le mari.

« Les plus puissantes considérations, dit Fournel dans son savant traité *de l'Adultère*, ne sont point capables de désabuser les magistrats de l'incrédulité légale dont ils se sont armés. Il ne reste qu'une ressource aux parties intéressées à contester la légitimité de l'enfant, c'est de démontrer l'impossibilité physique de la fréquentation du mari et de la femme à l'époque de la conception, c'est-à-dire une impuissance manifeste de la part du mari, résultant de ses infirmités ou bien de dix mois entiers d'une séparation nécessaire et *absolument* environnée d'obstacles d'une telle évidence et d'une telle force qu'ils étaient à l'abri de tous les efforts humains. »

A ce sujet le savant auteur rapporte le fait suivant :

Un nommé Simon, de Tournay, quitta sa femme et partit au delà des mers. Onze mois après son départ la femme devint mère. L'absence du mari se prolongea pendant quinze ans. On apprit enfin sa mort. La sœur de Simon se présenta pour recueilir la succession. La veuve dit que son enfant étant né en légitime mariage, cet enfant avait droit à l'héritage de son père.

— Ma belle-sœur a un fils en affet, répliquait la partie adverse ; mais ce fils est né onze mois après le départ de mon frère, et il n'a nul droit d'être reconnu légitime, le mari n'ayant jamais repassé la mer et n'ayant jamais été revu dans le pays, depuis le jour de son départ.

L'affaire fut portée au Parlement, qui déclara que l'enfant serait tenu pour légitime, qu'il hériterait de son père, et la sœur du mari fut condamnée aux dépens. Cet arrêt ne se fondait pas sur ce que la gestation avait pu être de onze mois, mais sur ce que le mari, avant de s'éloigner irrévocablement, avait pu visiter secrètement sa femme, aucune circonstance ne venant détruire la possibilité matérielle de cette entrevue.

Dès cette époque, — on était alors au quinzième siècle, — le système des gestations de onze mois était rejeté; on avait adopté en France la loi des Douze Tables : l'enfant qui naît dix mois après la mort de son père est légitime. Aussi, dans le cas que nous citions tout à l'heure, le Parlement ne déclara légitime l'enfant né onze mois après le départ du mari, que parce que rien ne prouvait qu'à partir du jour où Simon avait quitté le domicile conjugal, la séparation entre les époux avait été complète et absolue. Le Parlement aurait autrement jugé si l'enfant fût né onze mois après la mort du mari.

Voici un autre fait :

Un négociant de Lyon, Jean Pellors, étant tombé en paralysie de manière à ne pouvoir remuer que très-difficilement les bras et les jambes, se fit porter aux eaux de Barbantan, en Gascogne. Dix mois et neuf jours après l'absence de Jean Pellors, sa femme accoucha d'une fille.

Le mari, instruit de cet événement, y croit voir une preuve frappante de l'infidélité de sa femme, et il envoie à un de ses parents une procuration à l'effet d'intenter contre celle-ci l'accusation d'adultère; mais avant que cette accusation fût portée, le pauvre paralytique mourut.

Ce furent les héritiers de Jean Pellors qui contestèrent alors la légitimité de l'enfant, qu'ils soutenaient ne pouvoir être attribué aux œuvres du mari à cause de son absence continue pendant les dix mois et neuf jours qui avaient précédé l'accouchement. Les héritiers appuyaient leur réclamation sur trois pièces importantes :

La procuration envoyée par le mari à l'effet d'accuser sa femme d'adultère;

Une enquête qui constatait une conduite équivoque de la part de la femme;

Et enfin une déclaration signée de la femme elle-même, reconnaissant que l'enfant n'était pas du fait de son mari.

La veuve n'en défendait pas moins la légitimité de son fils. Elle représentait différentes lettres de son mari dans lesquelles celui-ci disait qu'il avait appris avec plaisir la grossesse de sa femme. Elle reprochait à ses adversaires de lui avoir surpris la déclaration dont ils argumentaient contre elle, déclaration incapable d'ailleurs de nuire à l'enfant.

Ce fut un procès mémorable dans lequel le célèbre avocat général Talon prit la parole. Sans doute, les circonstances du procès étaient bien de nature à faire naître des soupçons sur la légitimité de l'enfant; mais les magistrats ne crurent pas devoir s'y arrêter, parce que la présomption légale est toujours en faveur de la légitimité, jusqu'à ce qu'il y ait preuve du contraire établie par une impossibilité matérielle.

Or, si, dans l'espèce, il était peu probable que le le mari, frappé de paralysie, fût revenu ou se fût fait transporter de Barbantan chez sa femme, il n'était pas inadmissible que la femme fût allée secrètement trouver son mari. Il n'y avait pas si loin de Lyon aux eaux de Barbantan pour que cette entrevue fût considérée comme impossible. Cette probabilité acquérait un nouveau degré de vraisemblance par la satisfaction que le mari avait témoignée, dans ses lettres, en apprenant la grossesse de sa femme.

L'illustre avocat général n'hésita pas; il se prononça pour la légitimité de l'enfant, en vertu de la règle : *Is pater est*, et l'arrêt fut rendu le 2 août 1649, conformément à ses conclusions.

Peu de temps après, le parlement fut saisi d'une affaire analogue, mais bien autrement compliquée d'accidents très-curieux.

Un gentilhomme de Pontoise, fort riche, le sieur de Boissy, avait plus de soixante ans, lorsqu'il épousa une jeune fille de seize à dix-sept ans, Anne Vallier. M. de Boissy était un vert-galant, et espérait bien faire souche. Plusieurs années se passent, et, contrairement à l'adage qui veut que l'on ait toujours un héritier quand on se marie à soixante ans, aucun signe de grossesse ne se manifeste.

Le mari était désolé ; la jeune femme l'était plus encore.

— Je veux aller consulter à Paris, dit-elle.

Le mari consent. Mais on était en plein hiver, on n'allait pas alors de Pontoise à Paris commodément. Le voyage, les rigueurs de la saison pouvaient compromettre la santé du mari. Madame de Boissy arriva seule à Paris, le 7 janvier 1660. Il paraît que, dans ce temps-là, on consultait lentement. Madame de Boissy trouva le séjour de Paris agréable ; elle eut la joie, après quelques mois de consultation, d'annoncer à son mari qu'elle était enceinte.

Elle ne revint pas cependant tout de suite à Pontoise. Ne fallait-il pas toujours consulter ? Les consultations duraient déjà depuis sept mois, lorsque le mari tomba malade. Madame de Boissy retourna auprès de lui.

Mais les parents, les collatéraux qui convoitaient le riche héritage de M. de Boissy, et dont cette grossesse inattendue détruisait les espérances, arrivant auprès du vieillard, lui persuadèrent que sa femme était coupable, que cet enfant qu'elle portait n'était pas de lui. M. de Boissy se décida à formuler contre sa femme une plainte devant le prévôt de Meulan.

Il articulait, dans cette plainte, que « depuis deux ans, il n'avait eu commerce avec sa femme, » et demandait que le juge se transportât dans sa maison pour interroger la dame de Boissy.

Le juge, en effet, prend la peine de se rendre à Pontoise, pour interroger la jeune femme. Celle-ci avoue loyalement que sa grossesse n'est point du fait de son mari « dont elle n'a point eu, dit-elle, la compagnie depuis deux ans. »

Cet aveu ne laissait rien à désirer. Ce même jour, une transaction intervint entre les époux. Il est convenu que le mari accordera à sa femme une pension alimentaire dont le chiffre est fixé, une certaine somme en argent, ses meubles, ses habits, etc.; que la dame de Boissy fera ses couches dans la maison conjugale, après quoi elle sera tenue de se retirer dans un couvent; qu'elle demeurera seule chargée de l'enfant, et que le mari ne le reconnaîtra pas.

La transaction à peine signée, Mme de Boissy fait ses dispositions, quitte la maison conjugale et prend des lettres de rescision contre les aveux contenus dans l'interrogatoire qu'elle a subi, aussi bien que dans la transaction qu'elle a signée, celle-ci ayant été extorquée, disait-elle, par la force et la crainte.

Le mari, aussitôt, reprend sa plainte en adultère. Il meurt sur ces entrefaites, après avoir fait un testament par lequel il lègue tous ses biens à ses neveux et les charge de poursuivre l'accusation d'adultère.

Certes, si un enfant devait être reconnu illégitime, c'était bien celui-là! Nous allons voir.

Mme de Boissy avait interjeté appel de la procédure tenue contre elle. Par cet appel, la cour était saisie de deux questions : l'une, de savoir si la dame de Boissy était coupable d'adultère ; l'autre, de savoir si la légitimité de l'enfant serait ou non reconnue.

C'était encore l'avocat général Talon qui portait la parole.

Examinant la question d'adultère, il ne trouva pas de preuves suffisantes, l'aveu de la femme en matière pareille étant sans valeur. En ce qui concernait la légitimité de l'enfant, il reconnut en effet que la dame de Boissy avait conçu à une époque où elle était éloignée de son mari ; mais la distance qui séparait les deux époux pouvait être aisément franchie en quelques heures, de sorte que, sans être aperçue de personne, la femme aurait pû se rendre fréquemment chez son mari. Il n'y avait donc pas impossibilité physique.

La règle : *Is pater est*, celui-là est le père qui est le mari, triompha. Conformément aux conclusions de l'avocat général, un arrêt du 26 janvier 1664 déchargea Mme de Boissy de l'accusation d'adultère, déclara l'enfant légitime et adjugea à celui-ci la succession de M. de Boissy, son père légitime.

LXXX

La génération solitaire.

Puisque nous voici en plein dix-septième siècle, restons-y un instant encore, si vous le voulez bien, pour dire quelques mots d'une singulière émotion qui se produisit à cette époque au sujet d'un arrêt qui avait été rendu, disait-on, par le parlement de Grenoble, et dont l'authenticité fut officiellement désavouée.

Plusieurs auteurs, médecins et docteurs en droit, ont invoqué cet arrêt à l'appui d'une thèse insoutenable, celle des grossesses produites sans le contact de deux personnes de sexe différent.

Voici les faits qui étaient mentionnés dans cet arrêt apocryphe :

Une noble dame, Magdeleine d'Automont, épouse de M. de Mont-Léon, chevalier, seigneur d'Aiguemère, était éloignée de son mari depuis quatre ans lorsqu'elle devint enceinte. La légitimité de l'enfant ayant été contestée, avec quelque raison, par le mari et ses héritiers naturels, Mme de Mont-Léon se justifia en disant : « qu'elle s'était imaginé en songe la personne et l'attouchement de son mari ; qu'elle reçut les mêmes sentiments de conception et de grossesse qu'elle eût pu recevoir de sa présence. » Elle affirmait n'avoir eu, depuis l'absence de son mari, c'est-à dire pendant quatre ans, aucune relation avec qui que ce fût.

On entendit des médecins, des sages-femmes, des matrones qui affirmèrent que cette grossesse miraculeuse de Mme de Mont-Léon n'était pas absolument contre l'ordre de la nature, et le parlement avait ordonné, disait l'arrêt apocryphe, que l'enfant serait déclaré légitime, que ladite dame serait tenue pour femme de bien et d'honneur.

La magistrature française s'émut d'un pareil document. Le procureur général du parlement de Paris en rendit plainte, comme d'une pièce imaginée et supposée pour offenser le parlement de Grenoble. Celui-ci déclara solennellement que l'arrêt qu'on lui avait attribué était « faux, supposé, calomnieux et injurieux à son honneur. »

Il fut dès lors parfaitement établi que la conviction de l'adultère résultait de la grossese de la femme lorsque la conception avait eu lieu pendant l'absence *absolue* du mari. Mais nous venons de voir, dans le chapitre précédent, par l'exemple du négociant de Lyon et par celui de M. de Boissy, que cette absence *absolue* du mari est difficile à constater.

Bien que la jurisprudence n'admette point de génération sans le concours des deux sexes, les théories contraires n'en ont pas moins eu cours pendant longtemps. Ce sont surtout les anatomistes et les docteurs allemands qui ont soutenu avec chaleur le système de la génération *solitaire*. Plombius et Graaf en rapportent plusieurs exemples ; ce dernier assure qu'une femme peut concevoir par l'usage de bains dans lesquels un homme aurait séjourné quelque temps. Le même auteur va plus loin : il prétend avoir vu des jeunes filles constituées avec des organes si sensibles qu'elles avaient conçu à la seule odeur des molécules organiques propres à la génération.

Un autre médecin allemand, Scurrius, mentionne, dans son recueil d'observations, une foule de ces prétendus phénomènes.

Un auteur anglais, Abraham Johnson, a publié sur

cette délicate matière un volumineux traité qui a pour titre : *Lucina sine concubitu*, ce qui peut se traduire ainsi : Des grossesses sans le rapprochement des sexes.

Des médecins français, Venette entre autres, ont partagé ces aberrations et accrédité ces absurdités qui n'oseraient plus se produire aujourd'hui, pas plus que la prétendue légitimité des enfants nés après le dixième mois.

LXXXI

Une femme injustement accusée.

Nous venons de nous éloigner un instant de la société actuelle. Le lecteur a pu se convaincre que le sujet qui nous occupe est éternellement le même dans tous les temps et dans tous les pays. Le cœur humain n'a pas changé, et s'il est besoin de le prouver, voici une histoire d'hier, un procès célèbre.

Un grand seigneur, M. le marquis de... plaide en séparation contre sa femme, à laquelle il reproche deux faits d'adultère. Bien que l'affaire se plaide en province, ce sont les notabilités du barreau de Paris qui portent la parole pour le marquis et la marquise.

De l'exposition des faits il résulte qu'en accusant sa femme d'adultère, le mari l'a calomniée, et pour ce fait, qui constitue une injure grave, le tribunal prononce la séparation, à la requête de la femme.

Le marquis n'avait produit d'autre preuve à l'appui de son accusation qu'une lettre, fort belle d'ailleurs, dont nous copions quelques fragments; elle était adressée à la personne qui, dans la supposition du mari, était complice de l'adultère.

« Depuis huit jours, je ne vis plus, je me meurs, j'éprouve des remords qui me déchirent. Monsieur, écoutez-moi! nous ne sommes ni l'un ni l'autre assez enfants pour nous dissimuler notre position. Eh bien! la mienne me fait horreur... elle m'épouvante.

» J'ai vu mon mari, le plus noble cœur que je connaisse, jouer à vos yeux le rôle le plus infâme, mais sur lequel je ne l'éclairerai jamais, parce que je ne veux la mort de personne, et son courage aurait voulu une mort pour cette action. La seule démarche qui puisse me réconcilier avec moi-même, je la ferai auprès de vous. Dites-moi qu'à la veille d'un départ, dont j'ai voulu reculer le moment parce que j'en prévoyais la cause et espérais toujours la détruire — sans cela j'aurais été inexplicable — vous emportez de moi une opinion qui ne m'est pas contraire. J'ài besoin de votre estime, monsieur, parce qu'il me faut la mienne, parce qu'il faut que je vive, enfin! Dites que vous m'estimez et que vous ne vous souviendrez de moi que pour me bénir. Je vous penserai calme, moi aussi je le serai. Si la vue d'un sentiment que je ne puis partager m'a étrangement troublée, écartez à jamais ce souvenir, honteux pour tous trois. Votre honneur, je le sais, comprendra le mien et vous ne le trahirez pas. »

Quel que soit le jugement que l'on porte sur une femme qui écrit une telle lettre, on ne peut disconvenir, du moins, qu'elle révèle un noble cœur, que des sentiments très-élevés y sont exprimés.

Il est bon de remarquer les termes dans lesquels ce document, unique au procès, fut apprécié par le tribunal.

« Attendu que le demandeur n'allègue d'autre

preuve du fait incriminé que la lettre sus-énoncée;

» ... Que plus la faute de la défenderesse serait grave, flétrissante, irrémissible, si la justice la proclamait, plus la sollicitude des magistrats doit se mettre en garde contre une *interprétation judaïque,* de *trompeuses apparences* ou un entraînement irréfléchi;

» Que si des phrases équivoques colorent l'accusation du demandeur, on doit expliquer ces équivoques d'après le caractère connu de l'épouse, la culture de son esprit, la nature de ses mœurs antérieures et l'impressionnabilité de son âme.

» Qu'il est des femmes *qui s'exagèrent la gravité de leurs fautes* et *s'épouvantent à la seule pensée d'un sentiment* qui pourrait s'altérer dans ses conséquences, quoiqu'il soit resté pur;

« ... Qu'on ne saurait comprendre qu'une femme adultère eût pu dire à son complice : « J'ai voulu » reculer le moment de votre départ, parce que j'es» pérais en détruire la cause que je prévoyais; » que l'épouse qui a transgressé ses devoirs n'a plus le droit de dire à son complice : « Vous allez partir et je » prévois la cause de votre départ; restez, car je veux » vous guérir, sans quoi je serais inexplicable. »

» Qu'il faut reconnaître, comme une vérité attestée par l'expérience du cœur humain, que l'épouse parjure appartient tout entière à l'homme qui l'a subjuguée et est impuissante à lui dicter des conditions;

» ... Que la dame de ... signalée par son mari à la justice et à l'opinion publique comme une femme adultère, a subi l'offense la plus outrageante;

» Prononce contre le sieur de ... la séparation de corps. »

Le mari ne se tint pas pour battu et fit appel de ce jugement. Jamais femme ne fut plus cruellement traitée devant un tribunal que ne le fut la marquise de ... devant la cour saisie de l'appel, et pourtant l'arrêt de cette cour confirma le jugement de première instance; la pureté de cette femme était hautement reconnue!

LXXXII

Une critique.

Les difficultés dont notre législation, dans un but très-moral assurément, environne les demandes en séparation de corps, les frais que ces procès occasionnent furent critiqués un jour, sous une forme originale, devant le tribunal correctionnel de Paris par une jeune femme accusée d'adultère.

Elle répondait en souriant, par les aveux les plus complets, à toutes les demandes que lui adressait le président. Mais lorsque celui-ci lui reprocha son inconduite, elle releva vivement la tête et répliqua que ce n'était ni l'amour, ni le libertinage, ni un attrait quelconque qui l'avaient poussée à commettre sa faute, qu'il n'y avait pas inconduite par conséquent. « Si vous en doutez, monsieur le président, disait-elle, regardez celui que l'on veut bien appeler mon complice : il est vieux, sale, laid et plus bête encore qu'il n'est laid. »

Tous les regards se portaient alors sur l'infortuné dont la jeune femme traçait un si triste portrait, et l'on pouvait se convaincre que le portrait était ressemblant.

Cette femme était mariée à un homme qui la maltraitait et qu'elle détestait. Elle aurait bien voulu introduire une instance en séparation de corps, mais elle ne possédait pas les ressources nécessaires pour en supporter les frais. L'utile institution de l'assistance judiciaire n'était pas fondée encore.

« J'étais si malheureuse avec mon mari, disait-elle, que je voulais allumer un réchaud. »

Son heureux naturel l'empêcha de mettre à exécution ce terrible projet. Elle rencontre un jour dans le monde « ce vieux monsieur, » — c'était ainsi qu'elle désignait son complice, — et je ne sais comment elle en vint à lui faire confidence de ses ennuis. « Il est un moyen économique, lui dit celui-ci, d'obtenir la séparation : c'est de commettre le délit d'adultère et de faire en sorte d'être surprise par votre mari. »

Dès le lendemain, le mari était averti par la femme

elle-même, et pouvait la surprendre chez l'officieux donneur de conseils.

« Je vous supplie, messieurs les juges, disait-elle, de me condamner, c'est le seul moyen que j'aie d'obtenir ma séparation. »

Les juges la condamnèrent, et la jeune femme les remercia gaiement.

L'institution de l'assistance judiciaire, qui permet aux plus pauvres de remplir les formalités de la procédure et d'obtenir justice, a comblé heureusement une lacune considérable et rendrait impossible aujourd'hui le retour d'un fait analogue à celui que nous venons de citer. Mais les motifs légaux, qui seuls peuvent être invoqués devant les tribunaux, sont d'une nature telle que la séparation ne peut être prononcée seulement que lorsque les désordres conjugaux et le scandale, qui en est la suite, se sont produits. Ne vaudrait-il pas mieux, en pareille matière surtout, prévenir que réprimer ?

LXXXIII

La reine Caroline.

A tout seigneur tout honneur ! Les mauvais ménages des rois ne sont-ils pas de plein droit les rois des mauvais ménages ?

J'aurais dû placer ce chapitre en tête du livre, mais j'ai préféré m'en servir comme d'un résumé qui confirme toutes les réflexions que cette étude m'a inspirées. Le scandaleux procès dont nous voulons dire ici quelques mots a occupé l'Europe entière pendant les premières vingt années de ce siècle.

La reine Caroline fut l'héroïne de ce procès célèbre.

Elle était fille du duc de Brunswick Wollenbüthell, homme d'État et homme de guerre fort expérimenté, qui mourut d'une mort glorieuse à la bataille d'Iéna.

La princesse Caroline (Amélie-Elisabeth de Brunswick) manifesta de bonne heure un caractère indomptable et une imagination ardente. La chronique des cours, dont il faut toujours un peu se défier, racontait qu'étant jeune fille encore, elle avait distingué, parmi les courtisans du duc de Brunswick, un jeune seigneur irlandais en faveur duquel elle se compromit assez gravement, dit-on. Elle en était encore à la lune de miel de cette passion précoce, lorsque le prince de Galles, fils de George III, roi de la Grande-Bretagne, la demanda en mariage.

La jeune fille refusa énergiquement; elle parvint même à s'échapper du palais de son père pour tenter de rejoindre le jeune gentilhomme qu'elle aimait.

On ne repousse pas aisément une demande en mariage, quand elle est faite par l'héritier présomptif de la couronne d'Angleterre. Le vieux duc intervint, implora sa fille et parvint à la décider.

La royale union fut consentie, mais il était facile de prévoir qu'elle recélait des orages. On assure que dès la première nuit des noces, la jeune princesse avoua loyalement à son mari les circonstances qui avaient précédé son mariage et les résistances qu'elle y avait opposées.

Une pareille confidence n'était pas de nature à rendre faciles les relations conjugales ; toutefois, le prince de Galles prit héroïquement son parti, et sans les jalouses ambitions, sans les intrigues politiques qui s'agitent toujours dans ces hautes régions, il est probable que les époux auraient arrangé leur existence de façon à assurer leur liberté réciproque sans que le bruit de leur mésintelligence vînt affliger les deux familles et fournir un inépuisable aliment aux médisances du monde.

Les mésintelligences conjugales, qu'elles éclatent au sein des cours ou dans les plus humbles foyers, ne restent pas longtemps ignorées, la société s'en empare et les exagère presque toujours.

Une noble lady, qui obéissait peut-être à des inspirations politiques, eut connaissance de ce qui s'était passé dans l'alcôve royale et résolut, avec la reine mère, de perdre sans retour la jeune et imprudente princesse. Une intrigue fut organisée, on mit en avant un officier de fortune qui fut présenté à la princesse Caroline et sut s'attirer ses bonnes grâces. Un billet anonyme donna alors au prince l'avis charitable que sa femme, au mépris de la foi jurée, avait renoué de coupables relations avec son premier amoureux, celui qu'elle avait aimé alors qu'elle était encore jeune fille.

Un éclat s'ensuivit. Le prince de Galles demanda la séparation, qnî fut prononcée deux mois après, au moment où la princesse donnait le jour à sa fille légitime, qui reçut le nom de Charlotte.

Cet heureux événement donna lieu à un rapprochement entre les époux, mais l'ennemi veillait et ne tarda pas à provoquer de nouveaux scandales. Lady Jersey accusa formellement la princesse de s'être rendue coupable du crime de haute trahison en nouant des relations criminelles avec un certain capitaine Manby, relations à la suite desquelles la princesse aurait mis au monde un fils adultérin. Un ordre de la cour sépara les époux, et Georges III, prenant sous sa royale protection l'honneur de son fils, ordonna une enquête qui ne fut pas le moins triste épisode de ce procès mémorable.

Ce fut sans doute à cette époque que le prince adressa à sa femme la lettre suivante :

« Madame, lord Cholmondeley m'ayant appris que vous désirez que je spécifie par écrit la manière dont nous devons vivre ensemble, je vais tâcher de m'expliquer... Nos inclinations ne dépendent pas de nous, et aucun de nous ne peut être responsable envers l'autre de ce que la nature ne nous a pas donné d'inclination l'un pour l'autre; mais ce que nous pouvons, c'est d'établir entre nous une société tranquille et qui ne blesse ni l'un ni l'autre. Que notre liaison se borne donc à cela, et je souscrirai volontiers à la condition que vous m'avez fait proposer... que, même dans le cas où il arriverait accident à ma fille, je n'enfreindrai point les conditions restrictives que je me suis imposées en vous proposant, à aucune époque quelconque, de renouer une liaison plus intime. — Je suis sincèrement le vôtre — PRINCE GEORGE. »

La princesse répondit, peu de jours après, qu'elle ne s'étonnait ni ne s'offensait de tels procédés; qu'il restait néanmoins entendu que le mérite de l'arrangement revenait tout entier au prince, qu'elle prierait toujours pour son époux, etc., etc,

Caroline ne s'abandonnait pas elle-même, elle portait ses plaintes jusqu'au pied du trône, elle écrivait au roi qu'au milieu des accusations dont elle était l'objet, elle ne réclamait rien que justice. Ses ennemis avaient osé lui imputer le crime de haute trahison résultant de l'adultère, et nulle preuve, disait-ulle, n'appuyait cette injuste accusation. Sur des soupçons iniques, sa conduite avait été soumise à la plus blessante des surveillances, on était allé jusqu'à interroger ses serviteurs; elle protestait respectueusement contre tous les actes judiciaires ou extra-légaux qui auraient pour objet de l'incriminer sans l'entendre.

De nombreux témoins furent produits, lady Douglas déposa, devant la commission, de faits qui parurent accablants. La princesse lui avait, dit-elle, confié à elle-même qu'elle était enceinte, mais qu'elle attribuerait la paternité au prince de Galles, son mari, avec qui elle avait passé deux mois à Carlton-House. D'autres dépositions non moins graves furent entendues. Jamais l'honneur et la dignité d'une femme ne furent plus indignement traînés sur la claie.

Malgré ces dispositions, malgré l'activité que déployaient les ennemis de Caroline, malgré les calomnies, l'enquête ordonnée par Georges III n'aboutit qu'à proclamer l'innocence de la princesse. Cependant on lui défendit de paraître à la cour; on lui prodigua les plus sanglantes humiliations. Ce fut alors qu'elle entreprit ce long voyage qui devait lui être si funeste. Pendant ses lointaines pérégrinations, elle rencontra le célèbre Bartolomeo Bergami, esprit fin et délié, intelligence supérieure, activité infatigable, qui sut captiver la princesse Caroline.

Sur ces entrefaites, Georges III était mort, et le prince de Galles était monté sur le trône d'Angleterre. Caroline était reine de plein droit. Georges IV adressa à toutes les puissances étrangères un mémoire par lequel il constatait et divulguait l'indignité de sa femme, et déclarait qu'elle ne devait pas recevoir le titre de reine.

Caroline quitta alors l'Italie, où elle se trouvait, et vint en Angleterre pour répondre à ses ennemis et régulariser sa situation.

Arrivée à Saint-Omer, ses deux conseils, lord Hutchinson et lord Brougham, vinrent lui proposer, au nom du cabinet, un revenu de 50,000 livres sterling (1,250,000 fr.), à la condition qu'elle ne prendrait ni le titre de reine, ni aucun des titres de la famille royale; qu'elle aurait la facilité de voyager ou de se fixer en tout lieu, l'Angleterre exceptée. La reine rejeta avec indignation ces propositions offensantes, et arriva à Londres, où l'alderman Wood lui offrit une somptueuse hospitalité.

Aussitôt le premier ministre soumit à la signature du roi un message adressé à la chambre des lords, par lequel la Couronne déclarait qu'en conséquence de l'arrivée de la reine, elle croyait nécessaire de communiquer à la chambre certains documents relatifs à la conduite de la princesse Caroline, depuis son départ d'Angleterre ; que le roi aurait eu le plus vif désir de s'abstenir d'un acte aussi pénible, mais que l'obstination de la princesse sa femme lui en faisait un rigoureux devoir.

Un message analogue fut adressé à la chambre des Communes.

La reine, par l'organe de lord Brougham, répliqua avec une respectueuse énergie et une admirable modération qui lui concilièrent de nombreux suffrages. Des manifestations populaires, comme on sait les faire à Londres, eurent lieu en faveur de la reine; les ministres furent publiquement insultés, leurs voitures furent couvertes de boue, les vitres de leurs hôtels brisées.

L'agitation fut portée à son comble, toutes les villes du Royaume-Uni prirent fait et cause pour ou contre la princesse.

La chambre des lords se constitua en comité secret pour examiner les documents que le roi lui avait transmis.

Le rapporteur du comité secret déclara qu'il s'agissait d'une accusation d'adultère de la reine avec un étranger (Bergami); que cet étranger avait d'abord été son domestique, « ce qui tendait à prouver une conduite inconvenante et un caractère licencieux. »

Le lendemain la reine, informée des conclusions du rapport, demanda à être entendue à la barre pour sa propre justification; sa pétition fut rejetée, et le comité, passant outre, soumit à la chambre un projet de bill ainsi conçu :

« Attendu que la princesse étant à Milan a pris à son service Bartolomeo Bergami; qu'ils ont eu ensemble les familiarités les plus indécentes...; qu'elle lui a conféré un ordre de chevalerie; qu'elle a eu avec lui une liaison déshonorante, licencieuse et adultère, nous, les Lords et Communes, prions humblement Votre Majesté qu'il soit déclaré qu'à dater de l'adoption du présent bill, ladite Caroline sera privée du titre de reine, de tous priviléges appartenant à la qualité de reine épouse, et que le mariage sera dissous et annulé. »

La reine protesta contre ce projet de bill et demanda que ses conseils au moins fussent entendus.

Les documents communiqués à la chambre haute et aux communes avaient été recueillis à Milan par une commission spéciale, à la formation de laquelle la cabale ennemie de la reine n'avait pas été étrangère. Ce fut cette commission qui produisit de nombreux témoins à charge dont l'arrivée sur le territoire anglais fut saluée par des grognements significatifs.

La rcine demandait qu'il lui fût donné au moins une liste des témoins appelés à déposer contre elle ; cette demande eut le sort des démarches précédentes, elle fut rejetée.

Ces indignes procédés inspirèrent à lord John Russell une démarche honorable ; il publia un mémoire éloquent dans lequel il exposa que la reine était plus maltraitée que la dernière des femmes : « Quelle foi, disait-il, voulez-vous qu'on ajoute aux dépositions des témoins? Ne sait-on pas qu'en Italie, comme en Angleterre, on n'a pas une haute idée de la moralité des femmes ; que la malignité publique accueille aisément toutes les histoires qui attaquent leur conduite? Si, parmi nous, des personnes de haut rang n'ont pas craint d'accuser faussement la reine, que peut-on attendre de salariés italiens ramassés dans les bas-fonds de la société, sollicités par un émissaire de la cour d'Angleterre? C'est en vain que les juges prononceront leur verdict, la reine, privée de sa libre défense, dépouillée des formes protectrices de la justice, passera pour opprimée et non jugée. »

En même temps, Caroline s'adressait directement à son époux, pour protester contre tout ce qui se faisait en son nom : « Je braverai mes accusateurs, disait-elle. Le jugement qu'ils pourront rendre contre moi n'affectera pas mon honneur; vous m'avez accablée de toutes les calomnies, au lieu de m'aimer, de m'honorer et de me protéger, suivant votre serment. Vous m'avez haïe, méprisée; vous m'avez arraché ma fille, vous m'avez envoyée parcourir le monde, et votre haine m'y a poursuivie. Si ma vie eût pu satisfaire Votre Majesté, je vous l'aurais donnée, à la seule condition de me renfermer dans le même tombeau que ma fille; mais puisque votre intention est que je meure déshonorée, je résisterai avec tous les moyens qu'il plaira au ciel de mettre en mon pouvoir. »

La chambre des lords se réunit néanmoins en

cour de justice. L'évêque de Llandaff récita les prières d'usage. A dix heures et demie du matin, la reine se présenta à la barre, assistée de lord Archibald et de lady Hamilton. A son entrée, tous les pairs se levèrent. Sept conseils siégeaient pour la reine, et sept au nom du roi contre elle. Un pair se leva alors et déposa sur le bureau de la chambre une pétition de la cité de Londres, qui protestait contre les procédures inconstitutionnelles. Lord Brougham déclara que le projet de bill était contraire à la justice. C'était une loi inique improvisée contre une femme qui, devenue reine, ne jouissait plus des priviléges accordés au dernier de ses sujets. Un des conseils de la reine récrimina contre le roi, qu'il représentait entouré de maîtresses, pendant qu'il faisait poursuivre la reine sa femme. L'avocat général prit aussitôt la parole pour couper court à ces injurieuses accusations. « Que les défenseurs défendent, dit-il, mais nous ne les laisserons pas se transformer en accusateurs. La reine ne doit s'en prendre qu'à elle-même! Pourquoi est-elle venue sur le sol anglais? Et d'ailleurs on ne peut assimiler l'adultère d'un homme à celui d'une femme! »

Nous ne suivrons pas les tristes débats de cette affaire, où les détails les plus intimes de la vie de la princesse furent dévoilés, où chacun de ses actes, chacune de ses démarches furent interprétés à mal.

Ces détails étaient parfois si affligeants que des murmures d'indignation s'élevaient de tous les bancs de la chambre. Ce fut un douloureux spectacle que celui-là ! Les serviteurs que Caroline avait comblés de bienfaits vinrent honteusement déposer contre elle et rééditer toutes les suppositions malicieuses, toutes les calomnies auxquelles la conduite de la reine avec Bartolomeo Bergami avait donné lieu. Un des témoins entendus avait fait partie d'une bande de voleurs, ainsi que la chose fut avérée par une brusque interpellation de lord Brougham. Au moment où cet homme déposait, le généreux défenseur de la reine l'interrompit tout à coup et lui demanda s'il ne faisait pas partie d'une bande de brigands dont il désigna le chef. Pour toute réponse le témoin baissa la tête et avoua. Ce fut pourtant sur de pareils témoignages que l'accusation et les actes de la procédure furent basés!

Pendant que ces débats se déroulaient, l'opinion publique, de plus en plus surexcitée, se prononçait en faveur de la reine; de toutes parts arrivaient des adresses où l'on disait qu'il faudrait punir les trois quarts de la nation, s'il était défendu de reconnaître la princesse Caroline comme reine épouse. Des meetings nombreux avaient lieu, et entre autres des meetings spéciaux de femmes, où l'on prenait fait et cause pour la reine opprimée et calomniée.

Après que les témoins à charge eurent été entendus, les défenseurs et les accusateurs argumentèrent tour à tour; puis vinrent les témoins à décharge qui rendirent bon témoignage de la conduite de Caroline. Lord Guildford avait vu la reine dans ses voyages, il avait vu Bergami à sa table, mais il n'avait jamais rien remarqué d'inconvenant. Lord Llandaf avait aussi vu la reine à Naples et à Venise, et sa conduite lui avait toujours paru convenable et décente; tous les témoignages à décharge s'accordèrent sur ce point. On agita la question de savoir si l'on entendrait sous serment la déposition de Bergami; M. Denman, défenseur de la reine, eut alors un beau mouvement: « Faire déposer sous serment Bergami! s'écria-t-il. S'il n'y a pas adultère, c'est inutile! S'il y a adultère et qu'il dise non, on ne le croirait jamais; le parjure, de sa part, ne serait qu'un péché véniel comparé au crime affreux qui trahirait un tel secret. Il y a une grande différence entre un mari affectueux et un mari persécuteur; lorsque l'époux a brisé tous les liens divins et humains, peut-il exiger de la femme outragée non-seulement l'attention la plus scrupuleuse aux vertus les plus essentielles de son sexe, mais aussi aux moindres apparences? Milords, cette enquête est sans exemple dans l'histoire. Le lever et le coucher de cette illustre femme ont été surveillés; ses regards, ses pensées mêmes ont à peine échappé à l'assiduité déshonorante de ses ennemis. Je ne connais rien dans les affaires humaines, depuis le commencement du monde, qui ressemble à ce que je vois ici. »

Un autre défenseur de la reine, M. Lushington, prononça ces paroles : « Le mari qui demande ici le divorce vit depuis longtemps séparé de sa femme par sa propre volonté, sans que l'épouse y ait fourni prétexte. Qui osera dire ici que le mari a lieu de se plaindre? Qui osera dire qu'il était exempt de l'obligation que lui imposait le mariage? Quelles que soient ses prérogatives, était-il affranchi de la loi de Dieu? La reine n'a pas oublié son devoir. Quel devoir devait-elle? La loi est-elle autre pour les rois et les particuliers? Ne sont-ils plus hommes devant la nature? »

Quand vint le moment du vote, chaque pair justifia le sien. Le lord chancelier déclara le premier, les larmes aux yeux, qu'il voterait en faveur du bill, l'adultère étant établi. Lord Ellenborough déclara qu'il voterait contre le bill, parce qu'il était inutile et impolitique à ses yeux d'aller plus loin. « Cependant, ajouta-t-il, il ne faut pas supposer que tous ceux qui voteront ainsi pensent que la reine est innocente; je ne voudrais pas la trouver coupable, mais le crime a été prouvé à la barre. »

Le duc de Sommerset rejeta le bill, parce qu'on n'avait pas assez tenu compte de l'éducation, des habitudes de la reine avant son arrivée en Angleterre : ses manières étaient libres, et l'on ne devait pas attendre d'elle qu'elle se conformât strictement aux mœurs anglaises, surtout en pays étranger.

La chambre des lords, à une majorité de vingt-huit voix, ordonna que le bill serait remis à un comité. Lorsqu'il fallut décider si le bill passerait à une troisième lecture, il n'y eut plus que neuf voix de majorité, c'est-à-dire celles des ministres. C'était une défaite. Le premier ministre annonça alors qu'en présence de cette faible majorité, il ne croyait pas devoir présenter le bill à la chambre des communes, et qu'il ajournait cette présentation à six mois. C'était un retrait déguisé; l'opinion publique ne s'y trompa point, et les habitants de Londres illuminèrent la ville pendant trois jours.

Cette malheureuse princesse, si indignement traitée, mourut subitement en 1822.

J'ai rappelé aussi brièvement que possible cette page d'histoire contemporaine, d'abord parce qu'il était impossible de la passer sous silence dans un livre de cette nature, et ensuite parce qu'elle met en évidence, mieux que les plus hautes considérations ne sauraient le faire, les inconvénients des unions mal assorties, et les avantages que la société trouverait à les dissoudre avant l'explosion de tout désordre et de tout scandale. Il est bien évident que si, au lendemain de ce mariage princier, alors que les époux savaient si bien à quoi s'en tenir sur leurs mutuelles incompatibilités, le lien qui les avait unis eût pu être honorablement et légalement dissous, ces enquêtes, ces débats déshonorants pour les deux parties, ces surveillances honteuses, ces vils espionnages qui devaient avoir pour résultat de déshonorer publiquement la femme et d'amoindrir le prestige de la royauté, tout ce bruit scandaleux ne se fût pas produit, et que la couronne d'Angleterre y eût gagné tout autant que la morale.

LXXXIV

De l'influence de la garde nationale sur la bonne harmonie des ménages.

L'auteur de ce livre manquerait à un de ses devoirs essentiels, si, avant de mettre un terme à ces causeries familières, il n'essayait de préciser l'influence qu'a exercée sur les relations conjugales une institution politique qu'on est libre de ne pas aimer, mais que l'on doit respecter profondément.

Je veux parler de la garde nationale.

Quels rapports, direz-vous, peuvent exister entre la garde nationale et le mariage?

Les voici :

La garde nationale, en rassemblant au corps de garde d'honnêtes et paisibles maris, en les obligeant à passer la nuit loin de leur domicile, a donné à plusieurs des habitudes de dissipation et d'indépendance peu compatibles avec la vie régulière et ordonnée du ménage. En réunissant au poste, pendant de longues heures, des bourgeois de position et de mœurs différentes, des célibataires et des hommes mariés, des citoyens laborieux et rangés côte à côte avec des jeunes gens riches, oisifs, aimant le plaisir, elle a donné naissance à deux fléaux : le cercle et le cigare.

Je m'explique; la chose en vaut la peine.

Consultez les statistiques officielles, vous verrez que le développement effrayant qu'a pris en France la consommation du tabac date de 1830! Ouvrez les almanachs et vous constaterez que les cercles se sont multipliés également à partir de cette époque !

C'est qu'à cette époque, en effet, la garde nationale, qui n'avait guère existé que nominativement sous le gouvernement de la restauration, devint un véritable pouvoir.

Le roi Louis-Philippe ne dédaignait pas d'aller visiter dans les postes *ses chers camarades;* il portait dans toutes les cérémonies publiques et officielles le costume de général de la garde nationale ; les princes montaient leur garde comme de simples citoyens, et les plus jeunes fils du roi se montraient en public revêtus de l'uniforme civique. Ce fut, ainsi qu'on la appelée plaisamment, la période du *patrouillotisme*. Un bourgeois qui n'aurait pas fait *patrouille* se serait cru déshonoré.

La vie commune du poste, la fraternité d'armes, l'égalité de l'uniforme établirent entre les diverses classes de la bourgeoisie une fusion et une familiarité dont les relations conjugales devaient inévitablement se ressentir.

Que vouliez-vous que fît, pendant vingt-quatre heures, le mari dépaysé qui se trouvait tout à coup en contact avec des habitudes et des mœurs nouvelles ? Il fallait passer ce temps aussi agréablement que possible et distraire l'ennui du poste. On fumait beaucoup, on déjeunait aussi longtemps que possible; on allait dîner par groupes au restaurant ou au cabaret le plus voisin ; le soir venu, on faisait du punch, on racontait des histoires plus ou moins égrillardes, on complotait des parties fines, on raillait les maris fidèles à leurs femmes, on exaltait les hauts faits des hommes à bonnes fortunes; on prenait là, en un mot, les habitudes du plus funeste sans-gêne, des mœurs faciles, du langage débraillé.

Quand le mari rentrait chez lui le lendemain, il y rapportait les germes d'une gangrène morale; il faisait, malgré lui, des comparaisons entre la vie étroite et rangée du foyer domestique et l'existence plus large, plus mouvementée qu'il avait menée au poste. Aussi, avec quel empressement on saisissait les occasions de se réunir! Les prises d'armes étaient fréquentes; on ne manquait pas une revue; il fallait bien apprendre à faire l'exercice, et quand un camarade mourait, pouvait-on ne pas aller lui rendre les derniers devoirs?

Chacune de ces réunions donnait lieu à des rapprochements, à des festins, à des échanges de politesses. On tenait à faire comme les autres. On avait accepté quelques cigares la veille, on bourrait le lendemain sa giberne de panatellas en guise de cartouches, et on les offrait à son tour. Sous prétexte de garde nationale, on allait en *catimini* au spectacle, on se laissait entraîner çà et là.

Cette vie commune avait tant de charmes qu'il fallait absolument trouver un moyen de se voir, de se rencontrer plus souvent; de se réunir ailleurs qu'au poste. Il fallait trouver un lieu de rendez-vous, où cette camaraderie pût se perpétuer, où l'on pût se voir, causer librement et fumer à son aise!

Le cercle fut créé; le cercle, c'était encore le poste, mais le poste élégant, confortable. On y parlait politique, littérature et affaires; tous les bruits du monde et des coulisses, tous les cancans venaient y aboutir; on y lisait les journaux dans de riches salons, devant de grands feux, les pieds étendus sur un fauteuil; rien n'y gênait la parole; l'or tintait sur les tables de jeu; on allait prendre là son café, on y dînait quelquefois, servi par des laquais en livrée, et les longues heures de la soirée passaient légères et rapides.

La vie conjugale n'eut pas de dissolvant plus actif. Les hommes, habitués à fumer et à ne pas contenir leur langage, désapprirent l'art charmant de causer avec les femmes. Dans le monde, dans les salons, les deux sexes formèrent bientôt deux camps distincts. L'habitude du cigare et celle des conversations masculines devinrent tellement impérieuses que les maîtresses de maison durent en tenir compte. Après le dîner, les femmes allèrent ensemble au salon, parler toilettes, chiffons, spectacles, etc.; les hommes se réfugièrent dans une salle transformée en fumoir, pour parler politique, pour se raconter, entre deux bouffées de tabac, des histoires graveleuses ou les bruits de bourse, les chances de hausse ou de baisse.

Rappelez vos souvenirs. Une grande partie de la soirée se passe ainsi, et encore faut-il que la maîtresse de la maison aille ou envoie chercher plusieurs fois ses convives. Les hommes se décident enfin à rentrer au salon; mais ils ont fumé, ils ont bu des liqueurs, leur haleine et leurs habits sont imprégnés de cette âcre senteur, de ces exhalaisons particulières aux tabagies. Comment pourraient-ils s'approcher des femmes? Celles-ci restent dans leur coin et poursuivent à voix basse leurs causeries; les hommes forment entre eux des groupes, échangeant leurs observations à voix basse; et c'est ainsi que les liens sociaux qui devraient unir les hommes et les femmes se distendent, et que les deux sexes se trouvent de plus en plus étrangers l'un à l'autre.

Hélas! que deviennent les femmes au milieu de cet abandon? Elles avaient rêvé tout ce que rêvent les jeunes filles; elles se trouvent en présence de maris que les affaires éloignent d'elles pendant le jour; que le cigare, le cercle, des relations qu'elles ignorent retiennent le soir. Que peut-il y avoir de commun entre ces deux êtres qui mènent des existences si différentes, qui ont entre eux si peu d'échanges?

Les femmes cherchent des distractions; la toilette les amuse, elles font des toilettes effrénées; aux excentricités du cigare et du cercle, elles opposent les excentricités de leur mise; elles se visitent, elles se déchirent à belles dents, et combien, en courant, dans toute l'innocence de leur cœur, sur cet océan des distractions mondaines, rencontrent l'écueil où leur vertu naufragera demain!

Et les hommes se plaignent! Mais cette situation, qui l'a faite? Cet isolement des femmes, qui l'a provoqué? Il faut être frappé d'aveuglement, comme le sont presque tous les maris, pour s'imaginer que la femme, livrée seule à elle-même, ne fera pas de réflexions sur l'abandon dans lequel on la laisse, qu'elle n'appréciera pas à leur juste valeur les beaux prétextes que son mari met en avant pour justifier cet abandon.

Comment ! vous vous êtes marié librement, vous avez uni la destinée de cette jeune femme à la vôtre ; elle est votre compagne, la mère de vos enfants, vous lui devez aide et protection, puis vous allez passer vos soirées loin d'elle, fumer, jouer, écouter ou dire des gaudrioles au cercle, au café, à l'estaminet, et vous vous imaginez que la justice de Dieu ne passera pas sur votre tête ! Vous vous imaginez que cette femme ne sera accessible à aucune tentation, et que la tentation venant, elle sera assez forte pour lui résister ! Mais, cette force, elle l'aurait puisée peut-être dans votre amour, dans vos tendresses, dans vos prévenances, dans votre galanterie. Vous lui enlevez son point d'appui, et si elle succombe, vous n'avez pas assez de foudres et de colères contre elle !

Est-ce juste ? est-ce raisonnable ? Sans doute, la femme qui succombe a tort et je ne veux pas la justifier, bien que je sois de ceux qui ne lui jetteront jamais ni la première ni la dernière pierre. Mais le tort le plus grave appartient à celui qui, pouvant et devant la protéger, l'éloigner des écueils, garantir son cœur, rendre sa vie agréable, l'a délaissée pour courir vers des plaisirs plus ou moins grossiers, pour aller dans des réunions plus ou moins faciles.

Je n'ai pas pour mission d'examiner ici les services que la garde nationale a pu rendre au point de vue politique; je constate seulement qu'en faisant naître pour les hommes l'habitude du cercle et du cigare, elle a exercé sur les ménages une influence déplorable.

LXXXV

De quelques autres causes de désunion et en particulier des coiffures de nuit : béguins, foulards, casque-à-mèche, etc., etc. — Diverses observations suscitées par la première édition de ce livre.

Avant de conclure, avant de donner le *bon à tirer* de cette deuxième édition, — que Dieu la protége! — je dois, tout d'abord, remercier le public et mes confrères de la presse quotidienne et périodique qui ont fait à ce livre un si bienveillant accueil. Le meilleur moyen de les remercier est de tenir compte de leurs critiques.

J'ai émis une idée qui n'est pourtant pas neuve, puisqu'elle date de la création :

« L'individu social, ai-je dit, c'est l'homme et la femme. La loi qui, dans l'avenir, régira l'union des sexes sera faite par l'individu social, c'est-à-dire par l'homme et la femme. »

Il paraît que j'ai dit une énormité, tranchons le mot : une bêtise; mais bêtise ou non, j'y tiens, je la garde et je m'écrierais volontiers :

Bêtise si l'on veut, ma bêtise m'est chère !

Je ne crois pas qu'il y ait sous le ciel deux êtres plus dissemblables que ne le sont ces deux moitiés de l'individu social, et cependant on ne parviendra jamais à me persuader que ces deux moitiés, si dissemblables qu'elles soient, ne soient pas d'ailleurs égales, n'aient pas des droits égaux.

L'homme n'est pas supérieur à la femme, la femme n'est pas supérieure à l'homme. Leur organisation, leur mission, leur mode d'existence diffèrent essentiellement. Je ne comprends donc pas que l'on puisse sérieusement discuter sur la question de savoir si l'un des deux sexes est supérieur à l'autre.

Chacun d'eux a des qualités qui le distinguent et qui le rendent apte à remplir sa mission. En tant qu'homme, l'homme est aussi supérieur à la femme que celle-ci lui est supérieure en tant que femme. Mais ces deux êtres si profondément différents ont une mission qui leur est commune; ils tendent au même but en vue duquel ils sont destinés à s'aimer et à s'unir : ce but providentiel est la procréation et la continuité de l'espèce humaine par la famille.

Est-ce donc bien insensé, bien extraordinaire de penser que ces êtres ont des droits égaux, et que par conséquent ils doivent être appelés tous deux à dire comment sera conçue la loi qui a pour objet leur association, leur union?

Des femmes sont placées à la tête d'entreprises, d'usines, de manufactures, de maisons considérables. J'ai, pour mon compte, une bien chère amie dont le prénom gracieux figure en toutes lettres dans une des raisons de commerce les plus estimées et les plus honorables. Il ne viendrait jamais à l'idée de personne qu'en traitant avec ces chefs de maison, on pût se dispenser de les consulter et de les faire intervenir au traité, sous prétexte que ce sont des femmes.

Qu'est-ce pourtant que le soin d'une usine, d'un établissement industriel, d'un intérêt quelconque, comparativement au soin de la destinée tout entière? Quelle est l'affaire qui peut entrer en comparaison avec cette grande affaire du mariage, de la famille, du bonheur domestique, des enfants, de la vie en un mot?

Comment! vous trouvez tout naturel, lorsque vous contractez avec une femme commerçante, de discuter avec elle, pied à pied, les bases du contrat, et vous vous récriez lorsqu'on vous dit que la plus importante des lois, celle qui doit régler les rapports des sexes, sera faite aussi par les deux parties contractantes, c'est-à-dire par les deux sexes, par l'homme et la femme!

Mais ce n'est pas raisonnable!

Si l'homme est fils de Dieu, la femme est bien, si je ne me trompe, fille de Dieu. Il fut un temps où la loi obligeait le père de famille à donner tous ses biens à son fils aîné; les filles allaient au couvent. Ceux qui disaient alors qu'un jour viendrait où les fils et les filles, les aînés et les cadets seraient égaux devant le père de famille et devant la loi, étaient traités d'utopistes et de visionnaires.

Nous leur avons pourtant donné raison.

L'avenir, j'en suis profondément convaincu, donnera également raison à ceux qui, comme moi, pensent que l'individu social est l'homme et la femme, et que c'est à l'individu social de faire la loi destinée à régler, à harmoniser les rapports des sexes et à fonder la famille.

Cet oracle est infiniment plus sûr que celui de Calchas.

On m'a reproché encore d'avoir donné trop de valeur à trois causes de division, trois influences qui m'ont paru avoir de désastreux effets sur la paix des ménages. J'ai consacré, il est vrai, quelques pages de ce livre, mais quelques pages seulement, à l'observation et à l'analyse de ces causes et de ces effets, mais je n'ai pas dit que la garde nationale, le club et le cigare fussent l'unique dissolvant de la famille. Plût au ciel que l'union conjugale n'eût pas d'autres ennemis que ceux-là! Nous toucherions à l'âge d'or.

Un critique a dit que le bonnet de coton, vulgairement appelé casque-à-mèche, était un dissolvant bien autrement actif que le cigare et le club. Il a ainsi soulevé sous une forme légère une question fort intéressante et très-délicate : celle du lit. Les époux doivent-ils partager habituellement la même couche? En d'autres termes, doivent-ils dormir ensemble?

Non! quand faire se peut. Le plus grand nombre ne le pourrait pas, faute d'espace, faute de meubles; car enfin, pour avoir deux lits, la recette est la même que pour faire un civet de lièvre; il faut d'abord avoir deux lits, puis deux chambres, etc.

Mais, combien pourraient disposer ainsi leur intérieur et n'ont pas la sagesse de le faire? Ceux-là sont coupables au premier chef.

O poëtes! à quoi servent vos magnifiques enseignements? C'est en vain que vous nous avez conté cette merveilleuse fable de Psyché et de l'Amour! c'est en vain que, dans vos poëmes éclatants, vous nous montrez le jeune et immortel époux ne venant partager la couche de Psyché que lorsque la nuit a épaissi ses voiles et se dérobant à l'ardente curiosité de la jeune épouse avant que les premières lueurs de l'aurore ne blanchissent l'horizon. Nous ne vous avons pas compris!

Il ne voulait pas que Psyché pût le surprendre

endormi et le contempler pendant le court sommeil qui succédait aux ardeurs conjugales, lui qui pourtant avait l'éclat divin de la grâce, de la beauté souveraine, lui qui était l'amour en personne.

Et nous, simples mortels, qui ne sommes pas précisément des Adonis et des Psyché, non-seulement nous ne craignons pas d'être surpris dans notre sommeil plus ou moins lourd par la femme ou par l'homme que nous aimons, à laquelle ou auquel nous voudrions pouvoir plaire toujours, mais encore nous faisons tout ce qu'il est possible de faire pour nous enlaidir ou nous rendre ridicules dans les poses involontaires, dans les disgracieuses transformations que le sommeil nous impose.

Les femmes ont à la rigueur un prétexte pour envelopper leur tête, pendant la nuit, de bonnets plus ou moins simples, plus ou moins élégants. Elles sont obligées de contenir leur abondante et longue chevelure.

Mais nous, hommes, que pouvons-nous dire pour justifier cette détestable coutume de nous coiffer, en nous mettant au lit, de foulards, de serre-têtes, — je ne parle pas du casque-à-mèche, un des premiers bonnetiers de Paris, que j'ai consulté à cet effet, m'a assuré que cette coiffure grotesque disparaissait de jour en jour! Dieu soit loué! — Mais quelle qu'elle soit, la coiffure de nuit, tant au point de vue hygiénique qu'au point de vue conjugal, est certainement une invention due au démon que Satan a spécialement chargé du soin de troubler les ménages.

Et les rhumes, direz-vous, et les coups d'air! et les maux de dents! et les migraines! que sais-je? Il faut bien s'en garantir!

D'abord, je conteste qu'une coiffure de nuit garantisse de quoi que ce soit, et, en outre, j'affirme qu'elle suffit à elle seule pour dépoétiser aux yeux l'un de l'autre, après un certain temps de cohabitation permanente, les amoureux les plus passionnés.

Que si, par aventure, il faut absolument que vous ayez le chef empaqueté, enfermez-vous dans votre chambre et ne vous montrez pas dans cet état, pour peu que vous teniez à l'amour, — je ne dis pas à l'affection, à la tendresse, au dévouement, — je dis à l'AMOUR de votre femme.

Pourquoi d'ailleurs, — quand on peut faire autrement, s'exposer au ridicule? Voici deux êtres qui s'adorent; au lieu de se séparer après leurs mutuels embrassements et d'aller chercher le repos dont ils ont besoin dans un lit séparé, ils dorment paisiblement à côté l'un de l'autre et croient faire œuvre pie. Les imprudents!

Vous figurez-vous l'impression, les réflexions de celui des deux qui s'éveille le premier et qui froidement, à loisir, peut considérer le malheureux endormi, les traits contractés, sans expression, morts enfin; la bouche ouverte souvent, et alors stupide! heureux encore si sa narine est silencieuse!

Quel est l'amour, quelle est la passion, quelle est l'illusion qui tiendrait à cet examen!

On me dira : Mais, en ménage, il ne faut ni amour, ni illusion, ni passion, il suffit d'un bon et sincère attachement, d'une affection dévouée, etc.

Oui, je sais par cœur tous les grains de ce chapelet. Assez souvent il a été défilé devant moi par de braves gens qui ne se doutaient guère que leurs femmes, pendant qu'ils faisaient ce beau raisonnement, allaient précisément chercher hors de chez elles cette passion, cette illusion, cet amour dont ils prétendent que le ménage peut et doit se passer.

Non! la vie conjugale n'est pas ce que l'on dit,

ce que nous la faisons; un désenchantement, un réalisme grossier, une prose continuelle! Nos cœurs ont des aspirations plus hautes. Si humbles d'esprit, si positifs, si terre à terre que nous soyons, nous avons en nous des cordes poétiques et sensibles qui, de temps à autre, doivent vibrer pour que l'harmonie de notre existence ne soit pas rompue.

Si la femme ne s'arrange pas de façon que l'homme qu'elle aime et qui l'aime, voie toujours en elle l'idéal qu'il a rêvé, et réciproquement, il viendra certainement un jour, une heure où cet homme et cette femme ne trouvant plus chez eux cet idéal, le chercheront ailleurs. Et Dieu sait où mène cette recherche! J'en ai dit assez dans ce livre pour le faire pressentir.

Dans une autre étude qui sera prochainement publiée et qui est bien plus le complément que la contre-partie de celle-ci [1], je développerai, avec des pièces à l'appui, ce que je me suis borné à indiquer ici.

Le succès de la première édition de ce livre n'a

[1] LES BONS MÉNAGES.

pas éveillé mon amour-propre d'auteur. Je n'en conclus pas, je vous prie de le croire, que je suis un homme de génie. Mon livre n'a eu d'autre mérite que celui de l'à-propos. Il paraissait presque en même temps que la très-remarquable étude de M. Michelet sur l'AMOUR et si, je pouvais être fier de quelque chose, ce serait d'avoir senti, en même temps que l'illustre écrivain, les goûts et les préoccupations d'une classe très-nombreuse de lecteurs pour tout ce qui touche à la constitution de la famille, aux rapports des sexes.

Il n'est donc pas étonnant, venant ainsi à point, que quelques lectrices et quelques lecteurs aient tenu à me faire connaître leurs impressions. Avec ces lettres on pourrait faire un curieux volume.

Rassurez-vous! je ne le ferai pas.

Je demande seulement la permission de résumer quelques observations qui ont une apparence de justesse.

Les causes de désunion dans le sein des ménages sont innombrables. Un de mes correspondants en précise huit seulement.

Les ménages se désunissent, dit-il; pourquoi?

Du côté de la femme :

1° « *Parce qu'*il n'est pas dans la nature de la femme d'être constante.—Loin de là! la femme n'a même qu'une idée, et une idée fixe, invariable, indéracinable, c'est — quoiqu'elle prenne l'engagement de n'aimer qu'un seul homme, — de chercher à plaire à tous. »

A quoi je réponds que la femme a bien raison et que je serais bien fâché qu'il en fût autrement. C'est donc à vous, mari, de faire en sorte, par votre bonne grâce, vos prévenances, votre amabilité, votre délicatesse, que vous soyez, de tous ceux à qui elle cherche à plaire, celui qui lui plaise le plus.

2° « *Parce que* la femme n'est pas assez élevée en vue du mariage; qu'elle n'a souvent, en entrant en ménage, ni les qualités utiles pour faire une bonne ménagère, ni les qualités à la fois agréables et solides pour en faire une compagne de tous les jours et de tous les instants. »

Cela est absolument vrai pour un très-grand nombre de femmes. Mais à qui la faute? Remontons aux causes. Si la femme ne reçoit pas l'éducation qu'elle devrait recevoir, ce n'est pas à elle qu'il faut s'en prendre. Nous en avons fait une mineure, nous l'avons dépouillée de toute initiative; elle reçoit l'éducation et l'instruction qu'il plait à l'homme, son seigneur et maître, de lui donner. Un ménage où la femme ne s'occupe pas de ses enfants, ne prépare pas sa fille aux devoirs qui lui incomberont un jour, est un mauvais ménage. Que l'homme s'interroge dans le secret de sa conscience et sa conscience lui dira presque toujours que ce mauvais ménage, c'est lui qui l'a fait, soit par son inconduite, soit par sa paresse, soit par son défaut de tact ou sa brutalité.

3° « *Parce que* l'éducation morale est beaucoup trop négligée chez les filles. Je n'entends pas ici, ajoute mon correspondant, la morale religieuse, mais bien la morale humaine qui a pour but le devoir dans sa plus large acception. De ces jeunes filles on fait des créatures ignorantes, vaines et coquettes et l'on s'étonne ensuite qu'elles se conduisent mal. »

Je le répète, il y a là un vice social en effet, mais ce vice il faut le reprocher aux tuteurs et non pas aux pupilles, aux hommes et non pas aux femmes.

Les hommes ont voulu tout ordonner, être les maîtres absolus; ils ordonnent mal, tant pis pour eux!

4° « *Parce que* la femme, une fois mariée, se néglige et ne cherche plus à s'instruire, et qu'elle reste toute sa vie un grand enfant capricieux d'abord, et ensuite une vieille personne qui n'est ni femme ni enfant, mais un être maussade, fantasque, fatigant, insupportable qui fait la damnation de son mari, qui l'assassine à coups d'épingle. Loin de chercher à s'instruire utilement, la femme hait le côté positif de la vie; elle ne lit et n'aime à lire que des romans, des livres de songes, de cartomancie; elle passera volontiers deux heures à se tirer les cartes, seule ou avec une amie, mais elle se gardera bien de consacrer quelques instants à la lecture d'un livre qui pourrait lui indiquer les moyens de soigner et d'élever ses enfants. »

Mon objection subsiste toujours. Plus nous accumulerons de griefs contre la femme, plus vous accuserez l'homme, puisque c'est lui qui, dans l'État et dans la famille, règle le mode d'éducation et le degré d'instruction que les jeunes filles doivent recevoir. Si un bijou est mal fait, qui dois-je accuser, si ce n'est le bijoutier?

5° « *Parce que*, malgré ou plutôt à cause de son ignorance, la femme veut toujours dominer son mari; qu'elle est entêtée en proportion de son peu de savoir et qu'elle finit toujours par faire avec lui de la contradiction systématique. »

Ah! voilà le grand mot lâché! la femme veut être quelque chose dans la famille; elle se permet de contredire son mari, c'est-à-dire d'émettre son opinion sur des choses qui la touchent de très-près. Quelle audace! Mais, mari que vous êtes! cette ignorance dont vous vous plaignez, que ne la combattez-vous en instruisant vous-même votre femme, en lui faisant aimer, désirer votre enseignement! Direz-vous que votre femme ne vous écoute pas, qu'elle a bien d'autres choses plus futiles en tête. Alors je vous prends à partie et vous accuse directement. Pourquoi avez-vous laissé s'évanouir le prestige dont son amour vous avait entouré, l'influence que vous exerciez sur elle? Votre femme ne vous aime plus, ne vous écoute plus, fuit vos conseils et vos leçons ; c'est que vous avez été avec elle maussade, ennuyeux, dur, maladroit, grossier, que sais-je ? Prenez-vous-en donc à vous-même et non à elle.

6° « *Parce qu'*avec son mari la femme n'a pas assez de retenue, de pudeur, pas assez de propreté même. — Je cite textuellement. — Le mari paye la toilette et la femme ne s'en sert que pour chercher à plaire à d'autres. »

Nous voici sur un terrain délicat. La femme, me dit-on, n'a pas assez de retenue avec son mari, pas assez de pudeur. D'abord je n'admets pas la généralité de ce reproche ; il peut être fondé pour quelques femmes, il ne l'est pas, Dieu merci ! pour toutes. Mais pour celles qui, en réalité, le méritent n'est-il pas des circonstances atténuantes ? Voyons bien !

Les femmes, sauf de rares exceptions, arrivent pures au lit conjugal, pures de corps au moins ! Il n'en est pas de même pour l'homme. C'est chose à peu près convenue et admise qu'avant de se marier il doit avoir jeté sa gourme et usé largement de la vie, ce qui signifie avoir gaspillé son cœur et ses sens en de mauvais lieux, et, si ce n'est dans de mauvais lieux, ce sera en séduisant des jeunes filles ou en trompant des maris, car il n'y a pas d'autre alternative.

Quel est celui de ces deux êtres qui peut corrompre et pervertir l'autre? Quel est celui qui a le plus de chances d'apporter au foyer et dans les relations conjugales des habitudes vicieuses? C'est évidemment celui qui déjà a pu contracter ces habitudes. Si la femme perd toute retenue et toute pudeur, c'est que son mari l'a pervertie. Voyons! nous nous rencontrons, vous et moi, venant l'un de l'Occident, l'autre de l'Orient. Vous avez vécu parmi des pestiférés, tandis que j'habitais un pays sain. Il se trouve qu'après une cohabitation de quelques jours j'ai la peste. N'y a-t-il pas cent à parier contre un que c'est vous qui me l'avez donnée?

Le mari, entraîné par ses désirs, par ses passions, par de mauvaises habitudes, sème, pendant les premiers temps du mariage, l'impureté, l'impudeur, et s'étonne lorsqu'il récolte ce qu'il a semé!

Passons au septième *parce que*.

7° « *Parce que* la femme n'est pas toujours assez respectueuse envers son mari ; elle donne ainsi un funeste exemple à ses enfants et le ménage devient un enfer, où celui qui a toutes les peines est abreuvé de dégoûts et de chagrins incessants. »

On respecte ce qui est respectable, de même que l'on aime ce qui est aimable. Lorsque vous n'êtes ni aimé, ni respecté, faites votre examen de conscience, rendez-vous compte de vos habitudes, de vos mœurs, de votre langage, de vos procédés envers votre femme, et vous trouverez peut-être que les torts dont vous vous plaignez viennent de vous seul.

8° « Enfin, *parce que* la femme, étant gonflée de vanité, ne pardonne jamais les blessures faites à son amour-propre, blessures que souvent elle s'est elle-même attirées. Quand elle n'aime plus, elle hait, et si elle consent à vivre avec son ennemi, c'est peut-être un peu parce qu'il la nourrit, l'entretient ; mais c'est peut-être beaucoup plus parce que la vengeance est douce à sa petite nature. »

Décidément mon correspondant n'aime pas les

femmes, il est injuste envers elles. Passons aux fautes des maris.

Pourquoi les ménages se désunissent-ils?

1° « *Parce qu*'il n'est pas dans la nature de l'homme d'être fidèle et qu'il a communément plus de goût plastique pour la dernière venue que pour la première aimée.

2° « *Parce qu*'il se vante sottement auprès de sa femme de ses conquêtes passées et de ses infidélités présentes.

3° « *Parce que* souvent, au déclin de la vie, il fait la folie de s'unir à une jeune personne dans toute la force de l'âge.

4° « *Parce que,* dans les commencements du mariage, il ne sait pas assez ménager ses ardeurs; il fait naître ainsi des besoins qu'il ne peut satisfaire plus tard.

5° « *Parce qu*'il fait lit commun. En évitant tous les obstacles, il tue l'amour chez sa femme et il l'épuise chez lui. L'amour n'a de saveur qu'autant qu'il est un fruit un peu défendu. Il n'est pas plus dans la nature d'être toujours amoureux (lisez : *désireux*) que de conserver de l'appétit en restant toujours à table et en se donnant des indigestions.

6° « *Parce que* l'homme ne sait pas assez ce qu'est la femme. Il ne connaît suffisamment ni son caractère, ni son tempérament; il ignore trop combien celui-ci influe sur celui-là. Voyant sans cesse un être tantôt fantasque, tantôt plein de sens, il ne sait ni le juger, ni l'apprécier; il le dédaigne ou l'admire ; il le traite d'abord comme un enfant ou comme un Dieu, et ensuite comme un être inférieur manquant complétement de raison et de suite dans les idées. On peut juger de l'harmonie d'un tel assemblage.

7° « *Parce que* l'homme cherche trop souvent hors de chez lui des plaisirs que sa femme ne partage pas; parce qu'il dépense quelquefois trop pour lui et pas assez pour elle; parce qu'il la néglige pour ses amis ou ses amies.

8° « *Parce qu*'il arrive aussi fort souvent que l'homme absorbé par les affaires, par les besoins de la famille, n'a ni le temps, ni le loisir d'être aimable dans son intérieur; que la femme, loin de lui savoir gré du mal qu'il se donne pour elle et pour les siens, lui garde au contraire rancune de son peu d'amabilité. Ce n'est pas ce que son mari, à grand'peine, lui procure qui la satisfait; ce n'est pas tout ce qu'il peut lui donner qu'elle exige, c'est *plus*, et si le plus était possible, elle voudrait *davantage.* »

Ces huit derniers *parce que* auraient pu me dispenser de répondre aux huit premiers. Mon correspondant prouve lui-même que les torts de l'homme entraînent et dominent ceux de la femme. Et il n'en peut être autrement. Quand le pupille se conduit mal, c'est presque toujours la faute du tuteur.

LXXXVI

Conclusion.

Il est temps, ce me semble, d'interrompre ces familières causeries. Si elles sont du goût des lecteurs, nous pourrons les reprendre un jour, car il n'est pas de sujet plus inépuisable, plus éternellement jeune que celui-là ; il n'en est pas sur lequel il soit plus nécessaire de provoquer, non-seulement l'attention des femmes et des hommes, mais leurs opinions, leurs propres sentiments.

Les empires s'écroulent et font place à d'autres empires; des civilisations nouvelles succèdent aux civilisations éteintes; les systèmes religieux, politiques, philosophiques, sociaux, se succèdent; les institutions humaines se modifient; tout se transforme, en un mot, et au milieu de ces ruines, de ces débris, de ces matériaux amoncelés pour des constructions nouvelles, une seule chose reste constamment debout, c'est le cœur humain, avec ses aspirations, ses passions, ses faiblesses.

« Le cœur humain de qui? le cœur humain de quoi? » dit quelque part Alfred de Musset. Je répondrais volontiers, le cœur humain de personne et de tout le monde. Le cœur humain, c'est ce souffle mystérieux qui nous pousse vers certains êtres et nous éloigne de certains autres, c'est la puissance d'aimer, de se passionner, de se dévouer.

Si cette puissance pouvait agir librement, spontanément, sans déchirements, sans désordre, nous serions en pleine harmonie, tout irait pour le mieux dans le meilleur des mondes possibles; mais elle est sollicitée, égarée souvent par deux puissances secondaires qui tendent à l'entraîner, à la dominer ou à l'annuler ; c'est, d'une part, la plus brillante et la plus dangereuse des facultés de notre esprit, l'imagination ; de l'autre, ce sont nos sens.

Cette intervention de l'imagination et des sens produit des effets multiples et donne aux manifestations du cœur humain cette variété infinie qui échappe à toute analyse, à toute règle, à toute prévision.

Jamais les lois humaines, quelque sages qu'elles puissent être, ne réglementeront d'une manière absolue ces manifestations. Mais ce que l'on peut espérer, ce que l'on doit désirer, c'est que la loi destinée à régir les rapports des sexes et l'union légale des hommes et des femmes s'attache plus à prévenir les désordres qu'à les réprimer.

Pour cela il faut, non qu'elle embrasse et justifie toutes les manifestations dont je parlais tout à l'heure, ce qui serait impossible, mais qu'elle ouvre une issue honorable aux antipathies, aux incompatibilités, aux différences de caractères, de mœurs, de natures, de tempéraments, toutes choses qui éclatent souvent avant la fin de la lune de miel.

Vous figurez-vous l'effroi de deux êtres indissolublement unis l'un à l'autre, et qui découvrent de jour en jour l'impossibilité où ils sont de s'accorder, de vivre ensemble et en bonne harmonie? Que devenir? Les meilleurs se font mutuellement quelques concessions, mais le naturel que l'on a chassé revient bien vite au galop; on s'irrite mutuellement, on se blesse, les reproches se croisent, les cœurs s'aigrissent, les ressentiments s'enveniment; on tourne autour des barreaux de la prison dans laquelle on est enfermé, on porte au loin ses regards, on déplore son erreur. Le temps marche cependant, on acquiert la certitude que le paradis que l'on a rêvé n'est qu'un enfer. Ne vaudrait-il pas mieux, à ce moment, avant que le monde eût jeté un regard malin sur cet intérieur si profondément troublé, avant que tout désordre eût éclaté, avant que l'avenir des enfants fût gravement compromis, ne vaudrait-il pas mieux que ces captifs rivés à la même chaîne pussent dénouer le lien qui les unit, se séparer légalement et sans scandale?

Telle est la question que je pose. Je crois avoir démontré qu'elle a été résolue affirmativement par l'expérience de tous les temps et de tous les pays.

Avant que le législateur de l'avenir, le législateur

homme et femme ait résolu ce grand problème social, il y a peut-être quelque chose à faire. Ce quelque chose, qui le fera? et quand le fera-t-on?

La société actuelle est préoccupée, je le sais, de bien d'autres intérêts. Je crois cependant que celui-ci la touche d'assez près, puisqu'il s'agit de sa base essentielle, la famille, et de cette chose si rare dont l'absence influe si tristement sur l'éducation des enfants : le bonheur en ménage.

FIN.

TABLE

FIN DE LA TABLE.

www.ingramcontent.com/pod-product-compliance
Ingram Content Group UK Ltd.
Pitfield, Milton Keynes, MK11 3LW, UK
UKHW021846190726
13855UKWH00001B/173

9 782013 440783